佐藤学 内田伸子 大津由紀雄 が語る

ことばの学び、英語の学び

ラボ教育センター

まえがき

「内向き」と「開く」、ふたつの流れのなかで

今、日本社会ではふたつの力が綱引きをしているようにみえます。ひとつの方向は、人びとが居心地のよさそうな空間に自ら閉じこもっていく流れです。それはかつては自分の属している組織に閉じこもること、「内向き」になることを意味していましたが、今や「私」に閉じこもる方向へと傾斜しています。いい換えれば、具体的な人間との接触体験がますます希薄になり、「内向き」は「閉じこもり」へと変容しています。

もうひとつの方向は、国際化に代表される相互依存関係の目覚ましい拡大に代表されるように、「閉じこもり」とは逆に自らを「開く」ことがますます促されているという方向です。それは何も国際化だけの現象ではありません。かつて盤石の感のあったあらゆる組織の基盤は今や流動化し、「内向き」の論理がかつてのような存在感をもたなくなりました。ここではさまざまな領域で「閉じこもり」とは逆にネットワークということばにみられるように、新たな

体験と関わりに向けて自らを「開く」方向がでてきております。

このふたつの綱引きは子どもたちのなかだけでなく、おとなの世界でも日々行なわれています。「内向き」がすべてダメだというのではありません。それが単なる馴れあいの集合体でなく、外に「開く」ことを常に念頭に置いたものであるならば、それは積極的な意味をもつことでしょう。人間は社会的な動物と長らくいわれてきましたが、それはお互いの接触が人間にとって決定的な意味をもつこと、その際強調されたのは、人間がことばを話す動物であるということでした。アリストテレス流にいえば、人間は神でもなければ野獣でもなく、ことばを用いて社会的・政治生活を営んでいく一種の中間的な存在です。ことばは単なる手段ではなく、自らのあり方、可能性に深く関わる領域であることはいうまでもありません。そこにすばらしさも、恐ろしさも潜んでいるのではないでしょうか。それはわれわれの努力にかかっています。

日本はかつて「内向き」型組織の集合体のような社会でしたが、それは徐々に変わりつつあります。公共性が政府の独占物でないという主張は政府自体が一〇年以上前に認めたことですが、NPOなどを基盤に世代を超えて「外向き」に自らを「開く」人材が徐々に増えつつあります。異質な世界との接触から逃走するのではなく、そうした接触を呑み込み、自分をさらに大きくしていくような人材こそ、われわれが必要とするものです。それは子どもだけではなく、退職者を含むおとなについても同様でしょう。
今回のフォーラムは子どもたちの学びをテーマにしていますが、その背後には大きな歴史のうねりがあることをひとこと申し述べるとともに、読者のみなさまにとって、本書が有意義なものとなるよう、心から祈念申し上げます。

二〇一一年四月

財団法人ラボ国際交流センター会長　**佐々木　毅**

フォーラム開催によせて

子どもを取りまく社会環境は、この半世紀で大きく変化しました。筑波大学名誉教授の門脇厚司氏（ラボ言語教育総合研究所代表）は、その著書『社会力を育てる』（岩波新書二〇一〇）で、変容する子どもの成育環境への危惧を指摘しています。かつては、近所で異年齢の子どもが集まり、自分たちでルールをつくりながら遊ぶことがあたりまえでした。また、地域の行事や共同作業を通じて、子どもがさまざまな年代の人びとに触れ、そこでかわいがってもらったり、叱られたりという関係が自然に存在しました。子どもたちは、そうした環境で、親やきょうだいとの愛情あるやりとり、地域社会の人びととのやりとりを通じて、人間関係について学び、生きる知恵を身につけ、憧れる人に出会い、成長しました。

しかし、現代の日本では、そのような地域のコミュニティ機能が著しく低下しています。少子化で孤立してしまう母子、他者との関係がとれず自分に不安を抱えたまま社会とのつながりを絶ってしまう若者……。このような社会で、私たちが、今を生きる子どもたちのためにできることは何なのでしょうか。

子どもたちの生活から「時間」「空間」「仲間」という三つの〝間〟がなくなって久しいといわれ

ています。すなわちそれは、子どもたちが、ことばを使って自発的にコミュニケイションする環境そのものの喪失です。「ことばの教育」を考えるとき、私たちはこの事実をふまえる必要があるでしょう。「ことば」とは、単に聞く、話す、読む、書くという要素だけではありません。考える力、感じる力、創造する力、表現する力などを支えるのもまた、ことばの力です。ことば本来の力を伸ばす教育が必要なのです。

一九六六年、ラボ教育センターは「ことばがこどもの未来をつくる」をあいことばに発足しました。以来、母語である日本語をたいせつにした英語（外国語）教育を実践してきました。その理念は「物語」と「仲間との交流、対話」によって、子どもの生きいきとしたことば（日本語と英語などの外国語）を育てていこうというものです。共催者として、ことばの教育を四五年にわたり実践してきた民間団体として、この機会にその教育活動の一端を報告できることをうれしく思います。

今回のフォーラムが、未来を生きる子どもたちのために、「学びあいが育むことばの力」について真剣に考え、それぞれの教育現場での実践へとつながる機会になればと願っています。

二〇一一年四月

ラボ教育センター

目次

第一章
ことばの学び、英語の学び

子どもの育ちとコミュニケイション

――ことばの力を育てる環境づくり

お茶の水女子大学　内田伸子

第二章　テーマ活動――

物語を題材に、対話と交流から生まれる「学び」

第三章 パネルディスカッション「学びあいが育むことばの力」

第四章　おわりに——

聴講者と発表した子どもたちの感想文より

第一章

ことばの学び、英語の学び

ご挨拶

ラボ教育センター社長　時本　学

三月の震災以来、私たちはたいへん落ち着かない日々を過ごしていますが、本日はこのように全国から大勢の方にお集まりいただきありがとうございます。

今日のフォーラムはラボ国際交流四〇周年、ラボ教育四五周年を記念して行なわれるフォーラムです。私たちが今日までテーマとしてきたことは「子ども」であり、「ことば」であり、「物語」であり、あるいは「交流」で、それぞれの領域に渡って四〇年、四五年活動を続けてきました。ただしこの領域というのは、なかなか厄介で、普遍的な課題があると同時に、常に時代とともに変化するものです。そういった変化していく課題のなかで、この教育活動、国際交流活動を行なってきました。

このように長期に渡り活動を継続できたのも、ここに多く集られている、現場で子どもたちを指導しているラボ・テューターのみなさんの情熱、そしてそれをご理解された保護者のみなさま、ラボが大好きなラボ会員の子どもたち。それから私たちの教育活動に側面からであれ、正面からであれ、さまざまなかたちで応援してくださる研究者の方々。そういう方々の支えがあって四五年続いてきたとあらためて思います。

よくいわれますが、ラボの教育テーマに関してはファジーな要素を抱えています。こういったものを抱えながら、ラボとはなにかということを、当事者であるわれわれがうまく説明できない。それでも四五年続いたということは、あらためてラボの存在を必要とする社会的根拠、時代的根拠、必然性といったものを感じます。ラボもある程度効率性というものを考える必要はあるのですが、直接的な（技術的な）実用教育をめざしていませんし、私たちは子どもたちに対して掲げた教育テーマの答えを今も模索中なのです。本日のフォーラムが、次の時代を生きる子どもたちに私たちができることはなにか、どういう活動をすることが彼らの成長を促す活動になるのか、そういった答えを探す場になればうれしく思います。

私自身もたいへん期待しております。会場のみなさまとともに今日の会が有意義なものになることを願っております。

「ことばへの気づき」を育てる

——小学生にとっての英語を考える

慶應義塾大学
大津由紀雄

ことばに関する基礎知識

みなさん、おはようございます。慶應義塾大学の大津由紀雄です。私とラボとの関わりはけっこう長くてですね、最初にラボとの関わりをもたせていただいたのは、一九八六年一一月、ラボの二〇周年だったと思います。その記念のためのシンポジウムとして、第二言語習得に関する国際シンポジウムの企画を立てることを任せられたんですね。古賀泉さん、鈴木裕生さん、大矢昭三さんといった方々とはじめてお目にかかりました。当時はまだ三八歳の若造でしたので、ずいぶんと思い切ったことができる組織なんだなあと思ったのを覚えています。ここに出ている写真はそのとき――たぶん東京会場だと思いますけれども――の写真で、若き日の私も写っています（写真①）。その

写真①

とき、特別ゲストとしてアメリカからお招きした方がウェイン・オニール（Wayne O'Neil）さんとスーザン・ケアリー（Susan Carey）さんでした。オニールさんはたいへん著名な言語学者、言語教育者です。ケアリーさんも広く名を知られた方で、認知心理学がご専門です。だいぶ前のことですので、いうまでもなく、このお二方も今よりもだいぶ若く、その後、オニールさんも、ケアリーさんも、世界を代表する言語学者、認知心理学者になられました。

さて、その折、ラボのテーマ活動をはじめて拝見したときには、おそらく多くの人たちが思うように、「なんだこれは！」というのが正直な気持ちでした。その後、長い間、ラボのテーマ活動を拝見したり、テューターの方たちと交流するなかで、いろいろと考えが変わってきました。

今日は、いまの私がラボに対してもっている思いというようなものをお話ししようと思いますが、ラボの関係者でない方々も多数ご来場なので、できるだけラボだけに特化することなく、一般的な形でお話をするように努力したいと思います。

最初に、「ことばに関する基礎知識」をふたつほどお話ししておきたいと思います。ことばの学習とか、ことばの教育という話をするときに思うのですが、そうした問題に関心のある方々にいちばん欠如しているのは、この「ことばに関する基礎知識」だと思っています。ことばというのは、われわれにとって非常に身近な存在なので、そして母語であれば、だれでもとりあえず取り扱うことができますので、みんな、ことばについての専門家のような顔をして語りたがります。でも、じつはそうではないんです。

まず、最初に伝えておきたいことは、今、「ことば」といいましたけれども、その「ことば」ということばにはさまざまな意味があり、そのことをきちんと認識しておく必要があるという点です。「ことば」を英語でいうとすると、ひとつはword、つまり「単語」、あるいは「語」と呼ばれるものを指します。

しかし、それだけではなく、languageという意味にも使われますし、a languageという意味にも使われます。languageとa languageはどう違うのでしょうね。文法が嫌いではないという人たちならば、先に挙げたlanguageというのは、その前に冠詞もついていませんし、それから複数語尾のsもついていませんから、これは抽象名詞だ、ということがおわかりいただけるでしょう。それに対して、後者は、a languageと冠詞aがついていますから、これは普通名詞です。それだけでは、どう違うのかわからないという方も多いでしょうから、あともう少し詳しく説明します。

「ことば」ということばの意味に戻りますが、ほかにも、expression of thoughts and feelings という意味をもつこともあります。思考とか感情を表現したものといったところでしょうか。これだけ見ただけでも、「ことば」ということばはたくさんの意味で使われることがわかります。そのうち、今日、注目したいのは、まんなかに出てきた language と a language のふたつです。

a language と a がつく使い方と language と無冠詞の使い方。このふたつをはっきりと区別しておくことがたいせつです。a がつくほうは、たとえば "Japanese is a language spoken in Japan."「日本語というのは日本で話されていることばです」というような使い方です。場合によっては、a の代わりに定冠詞の the がついたり、複数形になって languages となったりすることもあります。さきほど、普通名詞といいましたが、普通名詞としての language は、日本語とか、英語とか、スワヒリ語とか、日本手話とかといった個別のことばを表わします。言語学ではこれを「個別言語」と呼んでいます。個別言語は、みなさんすぐわかるように、それぞれ個性をもっています。日本語は日本語としての個性を、英語は英語としての個性を、といった具合です。

もうひとつ、冠詞がつかないほうは、"Language is a species property." などといった具合に使われます。species という単語は少しむずかしいかもしれませんけれども、「生物種」のことです。むずかしければ、「ヒト」だと思ってください。つまり、「ことばというのはヒトに固有な性質です」といった意味の文です。このときの language というのは、日本語とか、英語とか、スワヒリ語とか、日本手話とか、といった、個別言語を指すのではなくて、人間が母語として身につけることができることば一般を指します。

これらのことからわかるのは、ことばには「個別性」というものがあるということ。さきほど、「個性」と呼んだものです。日本語には日本語の個別性、英語には英語の個別性というものがあります。この個別性は見たところ、かなり多様な姿をとることができるので、その点に注目して、ことばの「多様性」と呼ばれることもあります。しかし、同時にことばには「普遍性」、つまり共通の基盤というものがあって、個別言語はその基盤の上に形作られています。一見したところ、矛盾するように見えるかもしれませんが、そんなことはありません。

ひとつだけ簡単な例を挙げましょう。みなさん、「母音」とか、「子音」ということばは聞いたことがあるでしょう。めんどうなことはちょっと忘れて、母音というのは日本語でいえば、「あ、い、う、え、お」にあたる音です。それ以外の音が子音です。ローマ字書きにするとわかりやすいかな。あ行はa、i、u、e、oで、か行はka、ki、ku、ke、koですね。ちょっと飛ばして「ま行」だと、ma、mi、mu、me、moとなります。つまり、「あ行」は母音だけ、それ以外の行は子音ひとつと母音ひとつの組み合わせですね。

こんな具合に、日本語の音は母音と子音に分かれ、それらを組み合わせて、より大きいまとまりを作ります。これ、どの個別言語でも同じです。音声をもたない手話は別ですが、音声言語なら、どの言語にもあてはまります。これが普遍性の一例です。

でも、どの母音、どの子音を使うかとか、母音と子音をどう組み合わせるかは個別言語ごとに違います。たとえば、英語は日本語にはない音[æ](たとえば、sat の母音)がありますが、日本語にある短母音と長母音の区別はありません(たとえば、[obasan]と[obaasan])。また、英語では、strong のように、子音が連続して出てくることや語が子音で終わることがありますが、日本語にはありません。こうして生み出されるのが個別性です。

以上が「ことばに関する基礎知識」の最初の点です。

二番目の点は、言語を身につける三つの形態です。この三つの形態をちゃんと区別しておく必要があります(図②)。

ひとつめは母語を身につける、という形態ですね。「母語」というのは、生まれてから一定期間触れていることによって自然に身についた個別言語のことです。今日お集まりのみなさんの多くの方々にとっては、日本語が母語だと思います。「触れている」と書いた部分は、日本語とか、英語とか、スワヒリ語の場合には「耳にする」と置きかえてくださって結構です。日本手話とか、アメリカ手話とかといった、手話の場合には「目にしている」と置きかえてください。

これ以外にも、「第二言語」を身につけるという形態があります。「(狭義の)第二言語」という注釈をつけたほうが正確なんですけれども、その「狭義の」というところは省略されて使われることもけっこうあります。いずれにしても、第二言語とは、生後のある時点から触れていることによって自然に身についた個別言語のことです。たとえば、日本に生まれて

図②

言語を身につける3つの形態

- 母語：生まれてから一定期間触れていることによって自然に身についた言語
- （狭義の）第二言語：生後のある時点から触れていることによって自然に身についた言語
- 外国語：意図的な学習によって身についた言語

日本語を母語として育っている子どもが三歳になったときに親の都合で英語圏に移り住まなくてはいけなくなった、というような状況を想像してみてください。移り住んでしばらく日常言語として英語に触れていると英語が使えるようになる。その場合、その子どもにとっての母語は日本語で、英語が第二言語ということになります。

この狭義の第二言語とよく混同されるのが「外国語」です。それは意図的で、意識的な学習によって身についた言語のことです。日本で英語を学習する場合にはたいていこのケースになります。学校で、英語の時間に、英語を身につけるために(意図的に)学ぶ。学ぶときには、英語とはこういう仕組みの言語であるということを意識的に学ぶことになります。しかも、いったん教室の外に出てしまうと、英語が日常言語として使われているというわけではありません。母語や第二言語を身につける場合とははっきりと違います。この点をきちんと押さえておく必要があります。

そうそう、さきほど、「狭義の第二言語」といういい方に触れましたが、その狭義の第二言語と外国語を併せて「広義の第二言語」と呼ぶことがあります。このあたりが混乱の原因のひとつになっているように思います。

さて、英語でも(狭義の)第二言語と外国語の区別はきちんとなされていて、(狭義の)第二言語の場合には、「English as a Second Language」、ESLと呼ばれます。それに対して、外国語の場合には、「English as a Foreign Language」、EFLと呼ばれます。

ここまでお話ししたことを前提にして、日本における英語学習、そして、英語学習とラボの関係などについて考えてみたいと思います。

日本における英語学習の意義

日本における外国語、一般的には英語ということになってしまうのですが、私は外国語学習の第一義的意義は母語を相対化するための手段を手に入れることにあると考えています。母語は、不幸にして脳に障害をもって生まれてきた場合や、特殊な環境に置かれて育てられた（言語経験をはく奪されてしまう）場合を除けば、だれでも身につけることができるのですが、だからこそ、母語を当然視してしまう。母語を絶対化してしまう。そういう危険性がありす。母語を絶対化するのではなく、相対化することが重要です。そのときに、「同じ種類だけれども違うもの」の視点から母語というものを見直して、母語を客観的に捉えることができるようにすることがたいせつで、これこそが日本における英語の学習、もっと一般的には、外国語の学習の意義だと私は考えています。

英語学習の場合には、いわゆる「国際コミュニケイションの手段」ということが、なにかと話題になりますけれども、私はそれはあくまで二次的なもので、第一義的には英語を、母語を相対化するための手段と位置づける、というのが正しい認識だと思います。

もし今いった私の考えを前提にするなら、小学生、学齢前の子どもたちも含めて、子どもたちにはまず母語について知ってもらう必要があります。ここでたいせつなのは、「母語について（知る）」の「～について」という部分です。ちょっと解説することにしましょう。

「ある言語「を」知っている」という状態と「ある言語「について」知っている」という状態をはっきりと区別しようと思います。みなさんの多くにとっては日本語が母語だといいました。たとえば、昔ばなしで「むかしむかし、おじいさんとおばあさんがおりました」という出だしの文がありますね。これは非常に自然ですけれども、「むかしむかし、おじいさんとおばあさんはおりました」と、もともとの文の「が」を「は」に取り換えてしまうと非常にすわりが悪くなりますね。それは直感的にわかります。

では、「が」を使うのがいつもよいのかというと、そういうわけではなくて、さっきの文に続けて、「おじいさんは山へしばかりに、おばあさんは川へせんたくに行きました」というのは自然ですけれども、今度は「は」を「が」に変えて、「おじいさんが山へしばかりに、おばあさんが川へせんたくに行きました」というと、途端にすわりが悪くなってしまいます。というようなことを、日本語を母語にする人は直感的に捉えることができます。それはどうしてかというと、母語である日本語の知識をもっている、つまり、日本語を知っているからです。

しかし、日本語を知っているということは、日本語について知っているということにはなりません。仮にみなさんの身近に外国語として日本語を学習している人がいるとしましょう。その人にですね、「じつは昔ばなしを読んでいたらば、「むかしむかし、おじいさんとおばあさんがおりました」というはじまりだったのだけれど、「むかしむかし、おじいさんとおばあさんはおりました」とするとおかしな日本語になってしまうといわれました。でも、それに続けて、「おじいさんは山へしばかりに、おばあさんは川へせんたくに行きました」となっています。これを「おじいさんが山へしばかりに、おばあさんが川へせんたくに行きました」とすると、これまたおかしな日本語になってしまうといわれました。どうしてなのか説明してください」といわれたとします。困っちゃうでしょ？

どっちが自然な日本語であるかの判断はできるんですけれども、なぜそうなるのか、ということを説明するというのはできない。それは「日本語を知っている」からといって、「日本語についてしっているということにはならないからです。そこで、日本語教育に携わる人、外国人に日本語を教えるということを志す人は「日本語について知っている」必要が生まれるのです。

さきほど、ことばを身につけるときの三つの形態（母語、第二言語、外国語）についてお話ししましたけれども、三番目の外国語の学習をする場合には、それに先立って、母語を通して、ことばのもつ性質について気づく習慣をつけておくことがたいせつです。ここは「について」ということろがたいせつです。学校教育にとってはもちろんのこと、一般的に教育にとって、ことばとの関連で重要なのは、ことばのもつさまざまな性質について気づくこと、意識することを支援する、ということだと考えています。私はこれを「ことばへの気づき」と呼んでいますが、ひとことでいってしまえば、「知らない間に身につき、その正体を意識することもなく、また、使うときにもほとんど意識することもない母語というものの存在に気づかせ、さらには、その性質に気づかせていく」ということになります。これが教育にとって非常に重要であると考えています。

ただ、母語だけでは「ことばへの気づき」を十分に育てることができない。母語だけしか知らなければ、母語が絶対化されてしまうからです。そこで必要になってくるのが、外国語という視点です。母語と外国語は共通の基盤、つまり、普遍性の上に築かれた体系であると同時に、それぞれの個別性ももっています。そうした二つの視点から「ことば」を捉えようとすることによって、「ことばへの気づき」はより豊かになっていきます。これがさきほどいった「母語を相対化する」ということの意味です。

では、そう考えたときに、「外国語としての英語」というのはどういう位置づけになるかというと、これはよいところと悪いところがあります。悪いところは何かというと、利便性が高いという点です。「英語は国際共通語だ」なんていうことがよくいわれますが、英語を身につけて、使えるようになると、多くの人たちと意思の疎通ができるという意味で利便性が高い。利便性が高いというのはよいことのように思われるかもしれないけれども、今までお話ししてきた観点からいくとこれは都合が悪いのです。外国語の学習が本来もっている、母語を相対化するという意味が利便性の陰に隠されてしまう。ついつい見失われがちになってしまう。

でも、よいところもあるんです。それは、日本語と構造的な距離が大きいという点です。日本語と英語の文法はだいぶ違いますよね。たとえば、日本語と韓国語の違いを日本語と英語の違いと比べたら、日本語と英語のほうが構造的な違いが大きいんです。これは一般的には英語学習の都合の悪い点だといわれるんですけれども、私はそうは思わないわけです。あまりよく似ていると、つまりあまり距離が近すぎると、母語である日本語を相対化するのに役立たなくなってしまう。離れているからこそよい。いろいろと違いがあるからこそよい。このように考えるのは普通とは逆なんですけれども、私はこれが正しい認識の仕方だと思っています。

しかし、今日みなさんに私の考えを押しつけるつもりはありませんから、この話を聞いたあとに、「あいつはあんなことをいってたけど、ほんとうにそうなんだろうか?」と考えてみてください。そしてぜひ、みなさん自身で考えて、みなさん自身の結論を出してほしいと思います。

育てたいのは「ことばへの気づき」

ラボ関係のみなさん、お待たせしました。ここで、ラボについて考えてみたいと思います。ラボにとっての英語というのは、あくまで母語あっての英語ということで、英語はあくまでもわき役。母語に対する引き立て役といってもいいかと思います。「引き立て役」というところは、さっきの表現を使えば、母語を相対化するための手段で、決して主役にはなりえないということです。

この点は一般的に行われている英語の教育とか、あるいは、学習観というものとはかなり違う。私はこの点こそがラボの真骨頂だと思っています。

いうまでもなく、日本語と英語は別の言語です。しかし、日本語という個別言語は、冒頭に申し上げたように、他の個別言語と共通の基盤（「普遍性」ですね）の上に乗っかっています。この共通の基盤のことを「ことば」とも呼ぶことができます。無冠詞の、抽象名詞としてのlanguageというのがこれにあたるわけですね。英語も同じです。英語も、共通の基盤としての「ことば」の上に乗っかっています。日本語も英語もそれぞれ個別性をもっていますから、少なくとも表面的にはずいぶん違うわけです。ずいぶん違うからこそ、英語を身につけようとするときには、日本語にはない特性を身につけなくてはいけないのです。ただ、両方とも共通の基盤に乗っかっているということがたいせつなのです。

外国語を学ぶとき、日常的にはその言語を使っていない環境でことばを学ぶときには、両方が乗っかっている同じ基盤、「ことば」を利用して学習を進めるべきです。つまり、日本語（母語）がもっている性質に「ついて」、しっかりとした認識をもって、そしてそれを共通の基盤である「ことば」を通して英語の学習にかかる。これをやらないで、極端な場合には共通の基盤だなんていうことをまったく認識することなく英語の学習をしても、うまくいくはずがないのです。

これは後ほど内田先生が触れることになるかと思いますけれども、Jim Cummins という研究者がいて、この人も似たようなことを氷山の喩えを使って説明しています。（図③）Common Underlying Proficiency と書いてありますけれども、これが私のいう「共通の基盤」、つまり、「ことば」です。そして、母語 (First Language Surface Features) と第二言語 (Second Language Surface Features) は表面的には違ったように見えるのですが、

図③

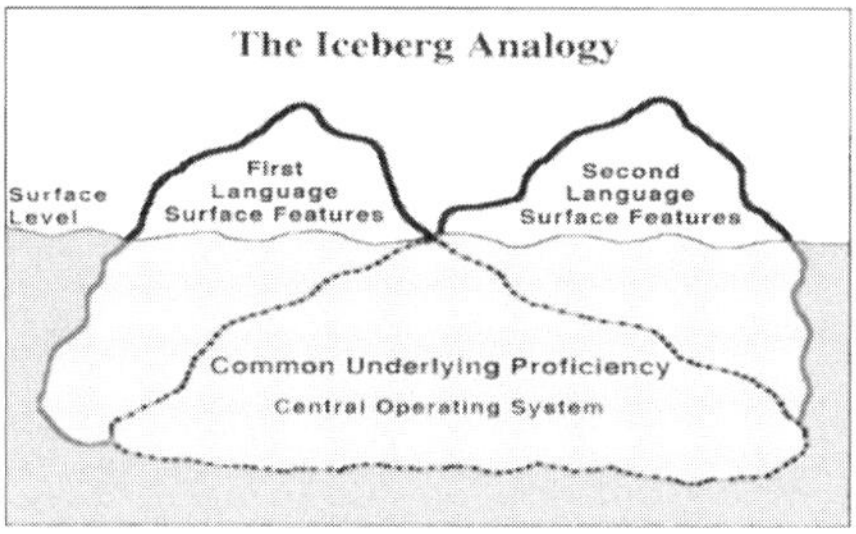

Jim Cummins' Iceberg Model

隠れたところには共通の基盤があるという考え方で、これも私の考え方と非常によく似ているかと思います。Cummins は「第二言語」を広義の第二言語の意味で使っていますから、外国語学習の場合もこの図が該当します。

私は、ラボのテューターたちは、「ラボの本質的な目的が『英語の運用能力の育成、つまり、英語が使えるようになるということ』にあるのではない」ということをきちんと承知している、と理解しています。

じつはですね、私が予稿を書いたときは、この部分、「〝優れた〟テューターたち」となっていたんです。でも、シンポジウムの司会をなさる事務局員から「〝優れた〟というのは取ってくれ」と（会場笑い）いわれて、まあ、その方の顔を立てて取ったんですけれどもね。たぶん、その方がいいたかったのは、「テューターたちはみんな優れている」。いやあ、優れていないテューターがいたっていい（会場笑い）。すべてのテューターが優れているなんていうのは、私にとってはあまり気持ちのいいものではないし、実際優れていない人もいるはずだと思っているのです。それはともかく、「優れたテューターたち」という表現には二つの解釈ができるということに気づくことがたいせつなんです。ひとつの解釈は、テューターのなかには優れた方もいれば、そうでない方もいる、そのうちの優れた方というものですね。で、もうひとつの解釈というのは、テューターは、みんな「優れている」という属性をもっている。つまり、みんな優れているという解釈です。たぶん多くの方は、これを見たときに、最初の解釈を思い浮かべたんだと思うんですけれども、でもよく考えてみるともうひとつの解釈もある。ここがおもしろいんですね。

ついでだから、これを英語にしてみましょう。“excellent tutors”ですかね。これも日本語の「優れたテューターたち」と同じで、二つの解釈があります。ただ、英語は日本語と違って、その二つの解釈を表面的に区別させることができます。“tutors who are excellent”というのと、“tutors, who are excellent”というのですね。who の前にカンマが入ったり、入らなかったりしますね。文法が嫌いでなかったら覚えておいででしょうか、関係代名詞の制限的用法と非制限的用法です。中学校や高等学校でそんなことを習ったときに、なんでこんなことやるのかと思いませんでした？　でも、それをしっかりと学んでおくと、もともとの“excellent tutors”といっちゃったときには、中和されて見えなくなっている二つの解釈がきちんと認識できるようになります。ましてや、日本語の「優れたテューターたち」の場合には二つの解釈があるというのはかなり分析的に考えないと区別ができないんだけれども、英語の関係節の制限的用法と非制限的用法の働きの違いをきちんと理解しておくと、その区別が容易にできるようになります。

このように、母語である日本語を基盤にして、ことばへの気づきの基盤をつくる。そして、その上で外国語を学ぶと、それによって、ことばへの気づきが、さらに膨らんでくる、ということになります。

まとめると、ラボの活動の目的というのは、ことばを通して子どもたちの心と身体の発達の支援をすることであって、英語が使えるようになることだけを短絡的に目指した活動とは質的に違うんだという、ここ重要ですね。ここはぜひ、この機会に強調しておきたいと思います。さらにいってしまえば、ラボの活動のすごいところは《結果として》英語も使えるようになること。でも、それはあくまで《結果として》であって、英語が使えるようになるためにラボの活動をするわけじゃないんです。やった結果、英語が使えるようになるのです。

母語について知ることによって、ことばへの豊かな気づきが身につく。培われたことばへの気づきをもとにして、外国語を学んでいく。それによって英語が使えるようになる。

同じことを、図を使って説明します(図④)。母語と外国語はそれぞれ個別性をもった別個の、異なった対象です。そこで最初にやらなきゃいけないのは、母語を使って「ことばへの気づき」を育成する。これは学齢前とか小学生の時代にやらなくてはいけないことです。なぜ母語を出発点にするか。母語は直感がきくからです。そして、母語はわけへだてなく誰でもしっかりと身につけているものだからです。そして、育成された「ことばへの気づき」をもとにして外国語の学習を行なう。次に、身につけた外国語という、新たな視点を得たことで「ことばへの気づき」が豊かになる。豊かになった「ことばへの気づき」は、母語や外国語の効果的な運用につながり、効果的な運用は「ことばへの気づき」をさらに豊かにし、そうやって豊かになった「ことばへの気づき」は、たとえば、語彙をさらに豊富にしていくというような形で母語に戻ってくる。こうして、循環が形成される。これがとてもたいせつで、今日は時間的な理由から話しませんけ

図④

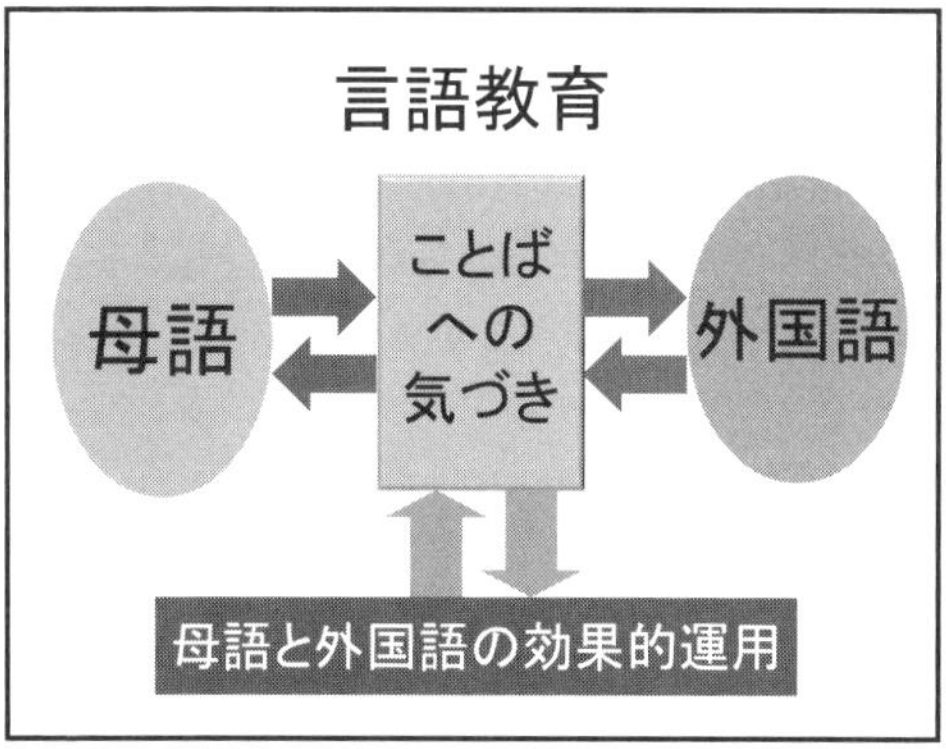

れども、日本の言語教育があまり今までうまくいってこなかったという根本的な理由は、この循環が形成されていなかったからと考えています。ことに、出発点のところが決定的に欠けていたと考えています。

では、ラボへの期待をいって終わります。

早期英語教育だとかいうのが盛んですね。小学校英語活動だとか英語社内公用語だとか、いろんな雑音もあります。でも、そういうものに惑わされることなく、さきほどから繰り返しているもともとの高い志を信じて、それをよりよい実践に純化していってほしいと思っています。これは一般の教育産業では決してできないことです。それを貫いていくことこそラボの社会的使命です(会場笑い)。

そして、テューターのみなさんへの希望は、もっと日本語の性質について、ことばの性質について、関心をもってほしいということです。どうしたらいいか? 私の本を読めばいい(会場笑い)。ご承知のように財団法人ラボ国際交流センターの付設機関として東京言語研究所があって、今年も、「教師のためのことばワークショップ」をやります。今年は八月の一九、二〇、二一日になりますので、よろしかったらぜひ参加してください。そして、ことばに対する認識を新たにしてほしいと強く願っています。

ありがとうございました。

【後日記】

講演が終わって、講演者たちが登壇してのシンポジウムが始まる前に、聴講者が質問やコメントを書いた用紙が回収され、それぞれの内容に関連する内容を話した講演者に配られました。そのなかに次のものがありました。

「大津先生の言語認識と長年ラボを通して英語教育を実験してきた経験からの実感とはいつもいささか距離を感じている。

①英語（第二言語）と母語の関係

②Excellent tutors についての categorize についても異論がある

ラボに於いてはプレイルーム年代（三歳未満）から大学生まで体験する物語再表現活動を通しての活動の中で何故そういうことが可能かといえば先生のお説からは伝わってこない。

ラボでの言語的成熟は幼児の未分化の中で英日を分かたず楽しむところから始まり［、］中学年での意識化［、］それに伴う苦痛もグループの中で乗り超える中で［、］高学年に至って達成するというプロセスをもっとたくさんのサンプリングの中から理解していただきたい。（［、］は大津の挿入）」

妙ないい方ですが、このご指摘には「わが意を得たり」という思いをもったのですが、その後の討論ではこの指摘を取りあげる流れにならなかったため、ここで「後日記」として取りあげたいと思います。

私は常日頃から「ひとの主張を読んだり、聞いたりするときは、だれが書いたものであろうが、だれが話したことであろうが、必ず、《その話、ほんとうなのだろうか？》と疑いの心で接することがたいせつだ」と繰り返しています。最終的にその書き手や話し手の主張に賛成するということでもよいのですが、必ず、一度、疑ってみるということがたいせつだということです。

今回の講演のあと、多くの方々がラボの活動を理解してくれてありがたいという趣旨の感想を聞かせてくれました。なかには、「ちょっともちあげすぎですよ」という意見もありました。でも、今回の話には、《考えるためのヒント》が仕込まれていて、多くのラボ関係者にとって、その内容を《ごもっとも！》と簡単には受け入れられないようなことも話しているのです。

たとえば、

「ラボにとっての英語というのは、あくまで母語あっての英語ということで、英語はあくまでもわき役。母語に対する引き立て役といってもいいかと思います。「引き立て役」というところは、さっきの表現を使えば、母語を相対化するための手段で、決して主役にはなりえないということです」

というくだりです。

さきほどのご意見はこの点に「距離を感じて」いるというのです。「ラボでの言語的成熟は幼児の未分化の中で英日を分たず楽しむところから始まり」と書いておられることからわかるように、この方の考えは私の考えとははっきりと異なります。未分化ながら、最初から日本語も、英語も主役であるという主張です。

また、私の「ラボの本質的な目的」は「英語の運用能力の育成、つまり、英語が使えるようになるということ」にあるのではないという主張にも異論があるようです。「Excellent tutors についての categorize についても異論がある」と書いておられるのは、私の以下の主張に「距離を感じて」いるということだと思います。

私は、ラボのテューターたちは、「ラボの本質的な目的が『英語の運用能力の育成、つまり、英語が使えるようになるということ』にあるのではない」ということをきちんと承知している、と理解しています。

「英語が使えるようになるということもラボの活動の重要な目標で、決して副産物なんかではないのです」とおっしゃりたいのだと思います。私は次のように話しましたから。

さらにいってしまえば、ラボの活動のすごいところは《結果として》英語も使えるようになる。でも、それはあくまで《結果として》であって、英語が使えるようになるためにラボの活動をするわけじゃないんだ。やった結果、英語が使えるようになる。

そして、上のご指摘をなさった方がおそらくいちばん「距離を感じて」おられるのが、「ラボに於いてはプレイルーム年代(三歳未満)から大学生まで体験する物語再表現活動を通しての活動の中で何故そういうことが可能かといえば先生のお説からは伝わってこない」という点ではないでしょうか。

「あなたの話はいつもことばの形式的特性のことだけに焦点を置いていて、そこにはラボっ子同士の、そして、ラボっ子とテューターとの心の交流が見えてこない。この点を理解してもらわなくてはラボの本質はわかりません。もっとたくさんの実践を見て、きちんと理解してください」というのがこの方の主張だと思います。

「ことばへの気づき」という、私の考えを推し進めていくと、きっとラボの活動に「文法」ということがもち込まれるという危惧をお感じなのかもしれません。

この方のお考え、よく理解できます。ラボとは二〇年以上のおつき合いですので、けっこうたくさんのテューターを存じ上げていますし、さまざまな活動もいろいろな機会に体験させてもらっています。その上で、私はいわば「確信犯的に」、講演でお話ししたようなことを繰り返しいっているのです。

ことばは形式と機能（はたらき）という両面をもっています。もちろん、両者は有機的に結びついています。ラボの活動では、ことばの機能に大きな意味が置かれています。しかも、ラボが捉えている、ことばの機能は対人関係、社会的関係までをもその射程の中に置くものです。ラボの活動は、このことばの機能を、通年齢群的に（幼児から大学生まで）、「物語再表現活動」を通して理解しようという試みといってもよいでしょう。

その価値は十分に認識しています。私の提言は、《しかし、それだけでは、「ことば」のもつ特性を活かしきれていない。なにが欠けているかというと、ことばの形式に対する、そして、形式と機能の結びつきに対する気づきと理解の深まりである》というものです。

形式に対する気づきと理解がないと、ことばの力を発揮させることが十分できません。さきほどの引用をもう一度あげます。

さらにいってしまえば、ラボの活動のすごいところは《結果として》英語も使えるようになる。でも、それはあくまで《結果として》であって、英語が使えるようになるためにラボの活動をするわけじゃないんだ。やった結果、英語が使えるようになる。

私がそういったことに関連して、ある方が話しかけてきました。「大津さん、そこまで断言されていいんですか？　英語運用能力が十分でないラボの会員だってずいぶんいるんじゃないですか？」というのです。

たしかにそのとおりです。それはラボっ子たちの多くに《ことばの形式に対する、そして、形式と機能の結びつきに対する気づきと理解の深まり》がたりないからです。そこだけをきちんと補えば、英語は使えるようになります。実際、英語が使えるようになったラボっ子もたくさんいます。それはなぜか？　多くの場合、そのラボっ子たちのテューターが（意識的か、無意識的かは別にして）そのたりない部分を補ってくれているからであるというのがこれまでの観察に基づく（とりあえずの）結論です。

講演本体で述べたことも含めて、整理しましょう。

一　ことばへの気づきはまず母語を基盤として育成する。なぜなら、母語に関しては直感がきくから。

二　母語を基盤にして育成されたことばへの気づきは母語の効果的な運用のために役立つ。

三　母語を基盤にして育成されたことばへの気づきは外国語の学習の基盤となる。前者なしに達成できる程度の外国語学習は創造的な外国語の運用を保証しない。

四　ラボ活動の今後の課題は形式に対する気づきである。機能に対する気づきだけではことばのもつ特性を十二分に活用することはできない。

「ひとの主張を読んだり、聞いたりするときは、だれが書いたものであろうが、だれが話したことであろうが、必ず、《その話、ほんとうなのだろうか？》と疑いの心で接することがたいせつだ」と書きました。この「後日記」に書いたこと自体もぜひ疑いの対象としてください。これで、この「後日記」の冒頭でご紹介したご意見に対し、「わが意を得たり」と感じた理由をおわかりいただけたでしょうか。

最後に、このご意見をお書きくださった方、できれば、次の機会に意見を戦わせましょう。そうすることによって、お互いに対する理解が深まることになるはずです。

大津由紀雄

慶應義塾大学言語文化研究所教授、財団法人ラボ国際交流センター理事、東京言語研究所前運営委員長、日本学術会議連携会員。マサチューセッツ工科大学大学院言語学・哲学研究科博士課程修了、Ph.D.（言語学）。専門は言語学・言語の認知科学（とくに、母語獲得、統語解析）。著書『ことばのからくり（全四冊）』（岩波書店）、『認知心理学３　言語』（東京大学出版会、編著）、『英文法の疑問　恥ずかしくてずっと聞けなかったこと』（NHK 出版）、『危機に立つ日本の英語教育』（慶應義塾大学出版会、編著）、『はじめて学ぶ言語学―ことばの世界をさぐる 17 章』（ミネルヴァ書房、編著）、『探検！ことばの世界』（ひつじ書房）、『ことばの宇宙への旅立ち（1～3巻）』（ひつじ書房、編著）など。

子どもの育ちとコミュニケイション——ことばの力を育てる環境づくり

お茶の水女子大学
内田伸子

即効よりも底力
——母語の土台をしっかり築く

ご紹介いただきました、内田伸子でございます。それでは、「即効よりも底力——母語の土台をしっかり築く」と題して話をさせていただきたいと思います。

二〇〇〇年のことですけれども、伊藤ゆかりさんという、歌手の方ではありません(会場笑い)、通訳者でいらっしゃいますが、伊藤ゆかりさんが「論壇」という朝日新聞の論説の意見・オピニオンに投稿されました。

「発音は確かに早ければ早いほどいい。しかし、たとえば、英語を早く学習することの利点は発音だけだ。問題は、英語を母語とする話者並みに発音できることではなく、英語で相手に伝えたいことがあるかどうかだ。マンデラ首相の演説は訛りが多くても、それはすぐガラスのように抜けてしまって、やっぱりマンデラ首相のこれまでの業績、それに対する尊敬の念があるからこそ、マンデラ首相のことばを敬意をもって受け止めることができるんだ。そもそも日本語力の低下と学力の低下、これこそが今の日本では課題になっているんではないか。これを一体どういうふうに考えるのだ。」というのが、二〇〇〇年八月八日の記事に載っていたものでございます。

そして、ＰＩＳＡ調査の結果をご紹介します（図①）。これはＯＥＣＤ（経済協力開発機構）がやっている調査で、二〇〇九年のものです。少しもち直しましたが、日本の成績というのは、先進諸国で最下位。読解力、数学リテラシー、科学的なリテラシーというような考える力、論理力を試されるようなテストの得点がとても低い。もちろんＰＩＳＡ調査にはいろいろ問題がありまして、サンプリングのしかた、逐語訳をするという原則でひどい日本語の文章を読まされる、「内申点には関係ないよ」という前置きがあって導入される、などの要因から、どうしても得点が低くなってし

図①

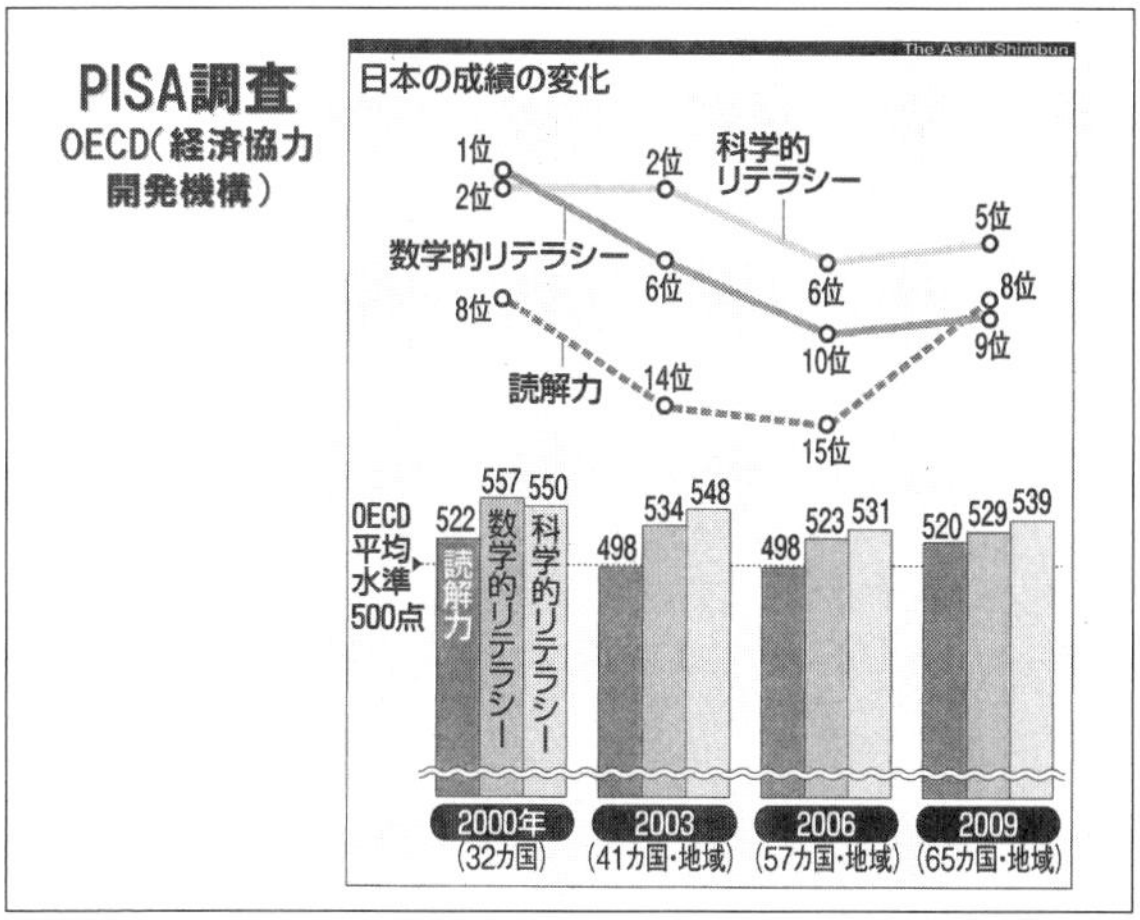

まう傾向があり、相当割り引いて考えなければいけないのですが、実際には全国の小学校六年生、それから中学三年生の子どもたちに対して学習到達度の調査をやってみると、やっぱり情報を読み取り、論証し論述する力が欠如している、というＰＩＳＡ調査と同じような問題点が浮き彫りになってきております。課題は、とにかく知識・技能を活用して思考し、表現する力に問題がある、ということです。そして昨年、二〇一〇年の調査は仕分けに合いまして、全国の小中学生が参加することはなく、それでも七割以上の子どもたちが参加したのですが、これまでと同様、論理力・記述力はまったく改善しなかったという結果が出されたわけでございます（図②）。

図②

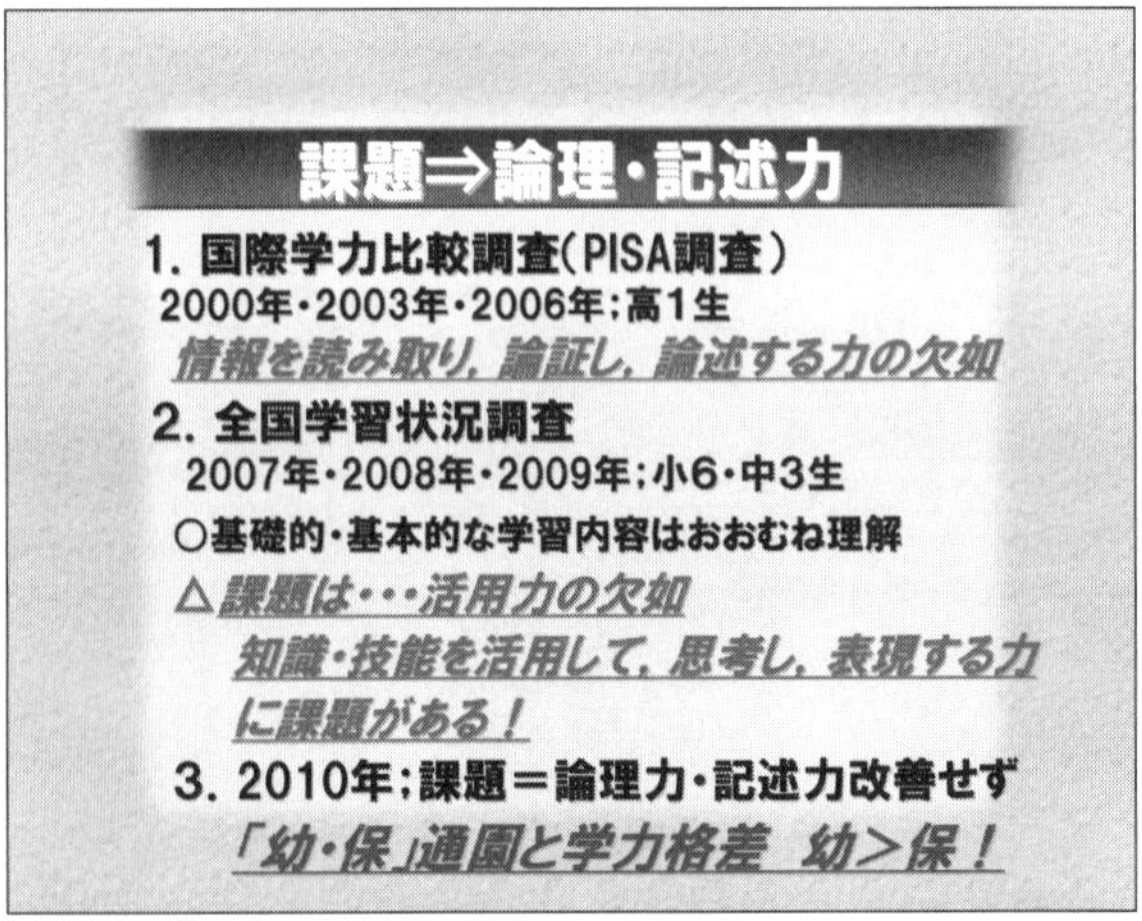

昨年（二〇一〇年）の七月二八日、新聞各紙に踊った文字、「幼稚園・保育園通園と学力格差の関係」について、幼稚園卒園者のほうが、保育所卒園者よりも成績が高い、学力が高い、という結果ですが、詳細を見てみますと、平均で三点しか違いがありません。さらに、幼稚園卒園者と保育所卒園者はどちらも二二〇万人程度とほぼ同じ数ですが、福祉の観点で運営されている保育所の家庭の世帯収入は、幼稚園卒園者に比べて低いのです。家庭の蔵書数や子どもといっしょに出かける機会も少ないようですから、世帯収入や親子で過ごす時間の質を統制しないで単純な得点の比較をするのはフェアではありません。それにこれをいわれてしまうと、中学、小学校の先生方は怒ってしまいますよね。どこを卒業したかで学力が変わってしまうのであれば、自分たちが行なっている教育はいったいなんなんだ、と。このような問題点はあったのですけれど、やはりこの学力格差の関係は着目されたわけです。しかし、ほんとうにそうなのでしょうか。

「学力格差は経済格差を反映している」と、教育社会学者やマスコミなどが取りあげています。おととしの一二月に、朝日新聞の一面に、「東大生の親が一番金持ち」という見出しで、東大生の家庭の所得が他の大学生の家庭に比べて高いということを示すグラフと記事が掲載されました。では、学力格差はいつから起こるのでしょうか。経済格差は子どもの発達や親子のコミュニケイションにいったいどんな影響をもたらすのでしょうか。幼児のリテラシー（読み書き能力）や語彙の獲得に、社会文化的要因がどのような影響を与えるのでしょうか。これらの問題を明らかにするために、私は、三年前から日本、韓国、中国、ベトナム、モンゴルの子どもたち各三〇〇〇名とその親、その子たちの保育担当者（幼稚園や保育所の先生方）にインタビューや、面接調査を実施し、比較研究を実施いたしました。

幼児期の子どもの面接調査

今日は日本のデータを紹介したいと思います。まず調査の概要をご紹介します。子どもの面接調査では二六〇七名にご協力いただきました。親へのアンケートは、所得を聞いたこともあり、ご協力者が少なくなってしまいましたが、最終的に一七八〇名の方にご協力いただきました。しかし、私たちの調査対象になった親たちの所得の中央値は七〇〇万円でした。二〇〇八年当時の日本の子育て世帯の平均世帯収入の平均額は六九一万円ですので、日本の子育て世帯に匹敵するサンプリングができたと思っています。さらに、この子どもたちを教えている保育者のアンケート調査。これは全員、一九三名がご協力くださいました。

結果についてご紹介します。リテラシーの習得に経済格差は影響するかということですから、収入が低いか、収入が高いか。サンプルは七〇〇万円のところでカットしてありますが、「リテラシー・読み書き」については、五歳になると世帯収入の影響はまったくなくなります。「書き」については、文字を書かせたのではなく、ひし形を模写させたり、丸やプラスを描かせたりと、あくまでも、運動能力の発達を調べました。いずれエンピツを持つときの基本的な運動能力がどこまで育っているか、というのを見たわけですが、それもだいたい五歳後半のところで世帯収入の差はまったくなくなります。

しかし、問題は語彙能力です。語彙の力、語彙が豊かかどうか、というのは、やはり世帯収入の影響を受けそうであります。五歳になると、非常に大きな違いが出てきました。高所得層の子どもの語彙力は、低所得層の子どもの語彙力よりも豊かであるということが明らかになりました。この違いは〇・〇一%水準で有意という非常に大きな違いが出ています（図③）。これは、韓国、中国でもまったく同じ結果でした。

さらに、習い事の種類と読み・書き・語彙との関連を見てみました。すると、「読み」に関しては、習い事をしてない子どもよりも、スイミング・お絵かきなどの芸術・運動系の習い事を行なっている子ども、あるいは受験塾・学習塾などの学習系の習い事を行なっている子どもはよく読める、という傾向がありました。しかし、さきほどのデータを思い出してください。五歳になると並んでしまうのです。だからあまり問題にしなくてもよいと思います。注目されるのは、書く運動調整能力の発達と、語彙の力に関しては、習い事をしているか否かの間では差があるのです。芸術・運動系のおけいこに行っているか、学習系の塾に行っているかの間には差がないという結果は注目されます(図④)。

それから、保育形態によって語彙の力に差

図③

リテラシーの習得に経済格差は影響するか？

3000名調査（内田, 2009）

①リテラシー能力においては5歳になると家庭の収入による差はなくなる。
②語彙能力に収入による差が顕在化する（高＞低）。

54

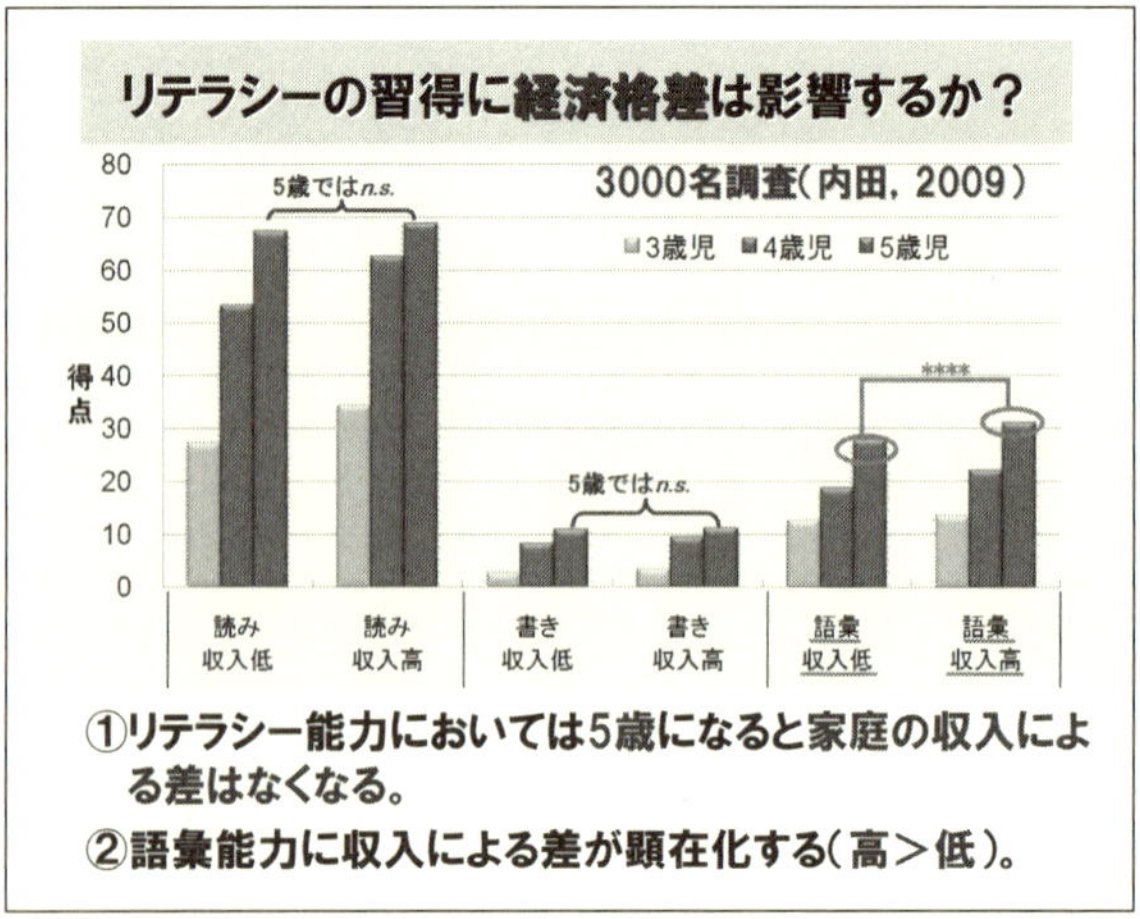

があるかどうかということを調べてみたところ、非常におもしろい結果が出てきました。語彙力については、子ども中心の保育で、自由遊びの時間が長い幼稚園や保育所の子どもの語彙得点が高く、一斉保育で文字を教えていても、まったくその影響はないことがわかったのです。三歳よりも四歳、五歳になるとまたその差が拡大していきます。調査対象園のなかには、三〇分ごとに時間を区切って、「はい、計算、算数の時間」「これからことばの時間、あいうえおの時間」「英会話の時間」というスタイルでやっている園なんかもあえて選んで含まれているのですが、そういう園の子どもたちよりも、朝からとにかく子どもの関心や興味をだいじにして、好きな遊びをやって

図④

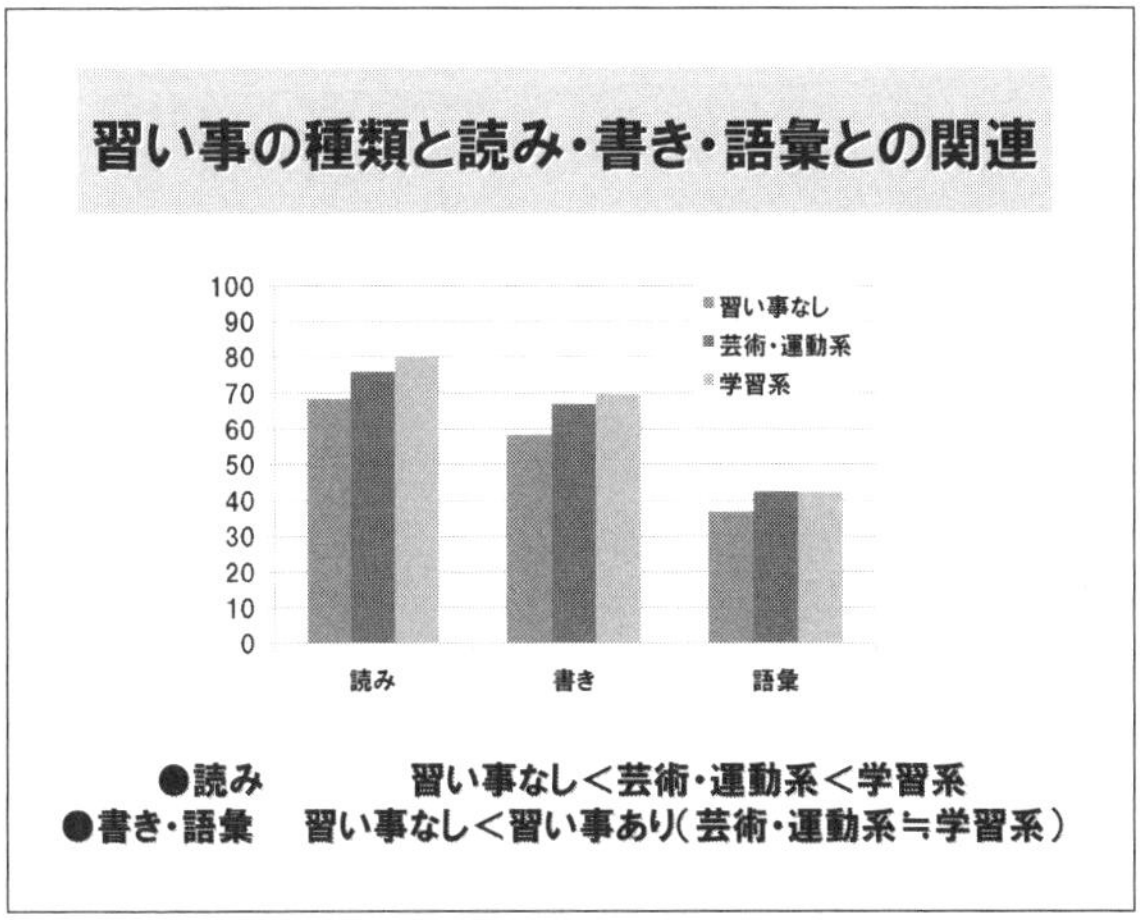

いる、熱中して遊ばせている、という保育形態の園の子どもたちの語彙は豊かであることが判明しました（図⑤）。

子どもの成育環境のなにが語彙力に影響を与えるか

これらの結果より、〝犯人探し〟を始めました。さまざまな項目を調査しておりますので、なにがこの語彙力の違いをもたらしているのか。一つひとつの要因を投入しながら、調べたところ、どうも、親のしつけスタイルが語彙力と関係しているらしいということがわかりました。語彙得点が高い子どもは共有型しつけを受けていて、語彙得点が低い子ども

図⑤

保育形態による語彙力の差

● 語彙力：自由保育＞一斉保育
子ども中心の保育、自由遊びの時間が長い
幼稚園や保育所の子どもの語彙得点が高い

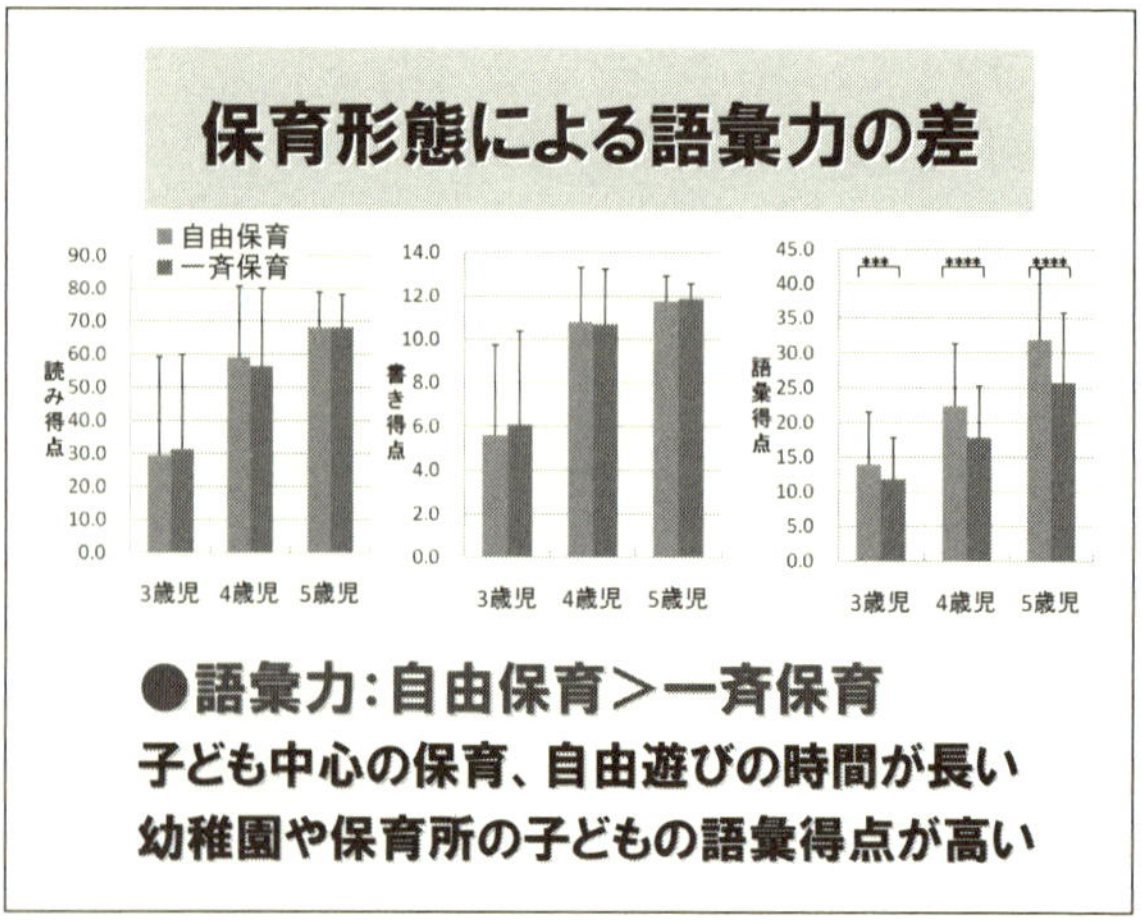

は、権威主義的な強制型しつけを受けている、ということがはっきりと出てきました。子どもの年齢に関わりなく、「共有型しつけ」か「強制型しつけ」によって語彙得点が異なり、共有型しつけを受けている子どもの語彙得点が高かったのです(図⑥)。

家族のだんらんをだいじにし、子どもと一緒に旅行するのが好き、いろいろなおしゃべりをするのが楽しいと思っているなど、親子のふれあいをたいせつに、子どもと楽しい経験を共有したい、というスタイルで生活している世帯を、私たちは「共有型しつけスタイル」と名づけました。高所得層の家庭では、蔵書数が多いという特徴がありました。さらに私たちが注目したのは、低所得層、年収

図⑥

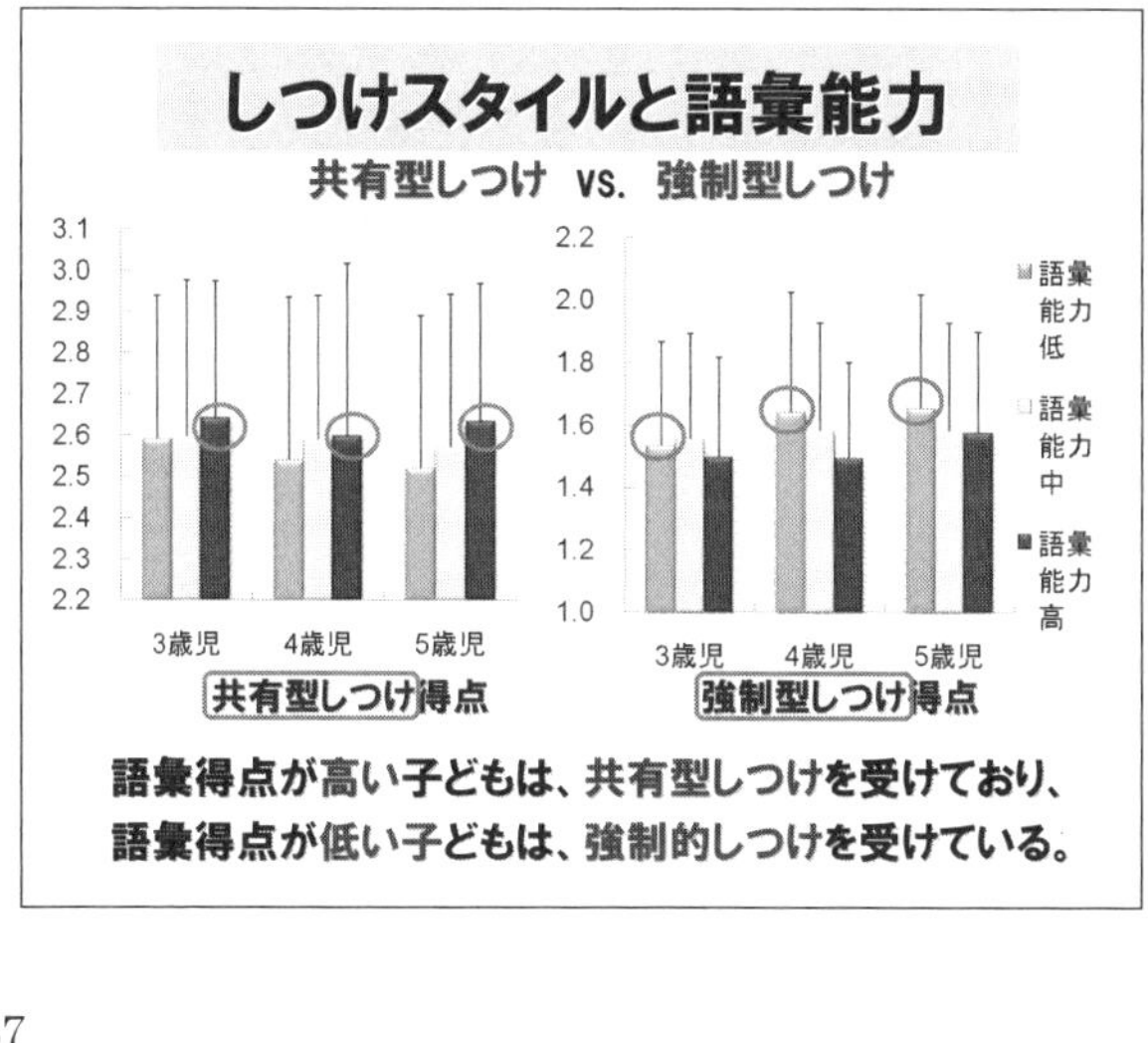

七〇〇万円以下の世帯収入のご家庭でも、蔵書数が多いと子どものリテラシー得点は高くなっている点です。つまり、共有型しつけをする親のもとで、子どもの、読んだり書いたりなどのリテラシー得点・語彙得点ともに高くなるわけです(図⑦)。

逆に、決まりをつくりやかましくいわなければ気がすまない、いいつけたとおりにするまで子どもを責め立てる、行儀をよくするためには罰を与えるのは正しい、ときには力のしつけもいとわない、悪いことをしたら罰を与えるべき、できるだけ親の考えのとおりに子どもを進ませたい、すべきことをするまで何回でも責め立てるなど、力のしつけも多用しているような親のしつけスタイルは「強制型しつけスタイル」と名づけました。低所得層では、このような強制型しつけスタイルをとる家庭が非常に多かったのです。そして、こういう低所得層では、蔵書数が少ない傾向がみられました。

しかし、高所得層にも強制型しつけスタイルのご家庭があるのです。私が注目したのは、強制型しつけのもとでは、高所得層であってもリテラシー得点、語彙得点ともに低くなるという、傾向がはっきりと検出できた点です。この高所得層の親たちには、早期教育の投資額は一月当たり一五万円以上、というようなご家庭も含まれています。自分が好きでないことを、親に引っ張り回されて、一二か所もの塾をたらい回しにされるお子さんもこのなかには含まれ

図⑦

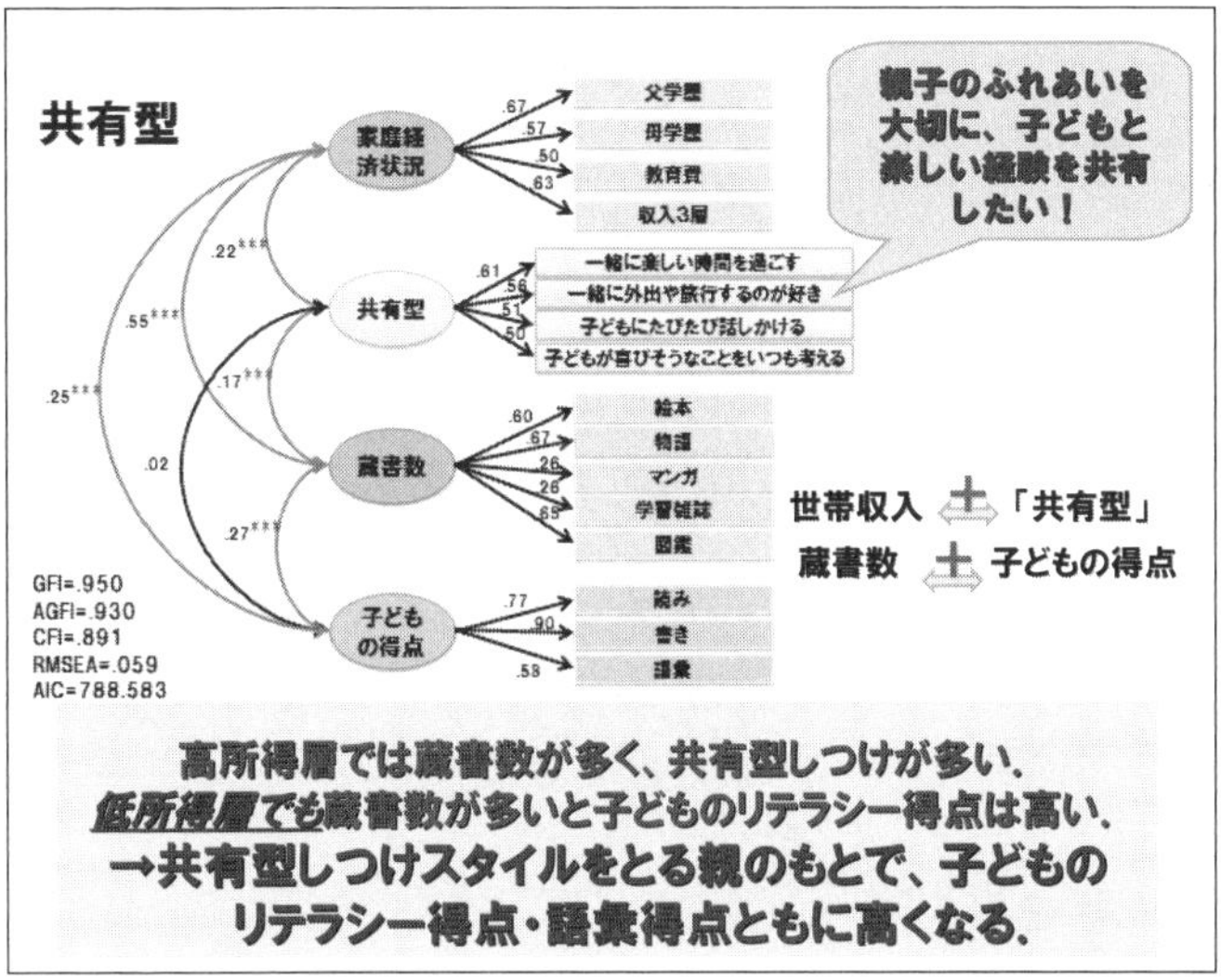
共有型
家庭経済状況
父学歴
母学歴
教育費
収入3層
共有型
一緒に楽しい時間を過ごす
一緒に外出や旅行するのが好き
子どもにたびたび話しかける
子どもが喜びそうなことをいつも考える
蔵書数
絵本
物語
マンガ
学習雑誌
図鑑
子どもの得点
読み
書き
語彙
.67
.57
.50
.63
.22***
.55***
.25***
.61
.56
.51
.50
.17***
.02
.60
.67
.26
.26
.65
.27***
.77
.90
.58
GFI=.950
AGFI=.930
CFI=.891
RMSEA=.059
AIC=788.583
親子のふれあいを大切に、子どもと楽しい経験を共有したい！
世帯収入 ＋ 「共有型」
蔵書数 ＋ 子どもの得点
高所得層では蔵書数が多く、共有型しつけが多い。
低所得層でも蔵書数が多いと子どものリテラシー得点は高い。
→共有型しつけスタイルをとる親のもとで、子どものリテラシー得点・語彙得点ともに高くなる。

図⑧

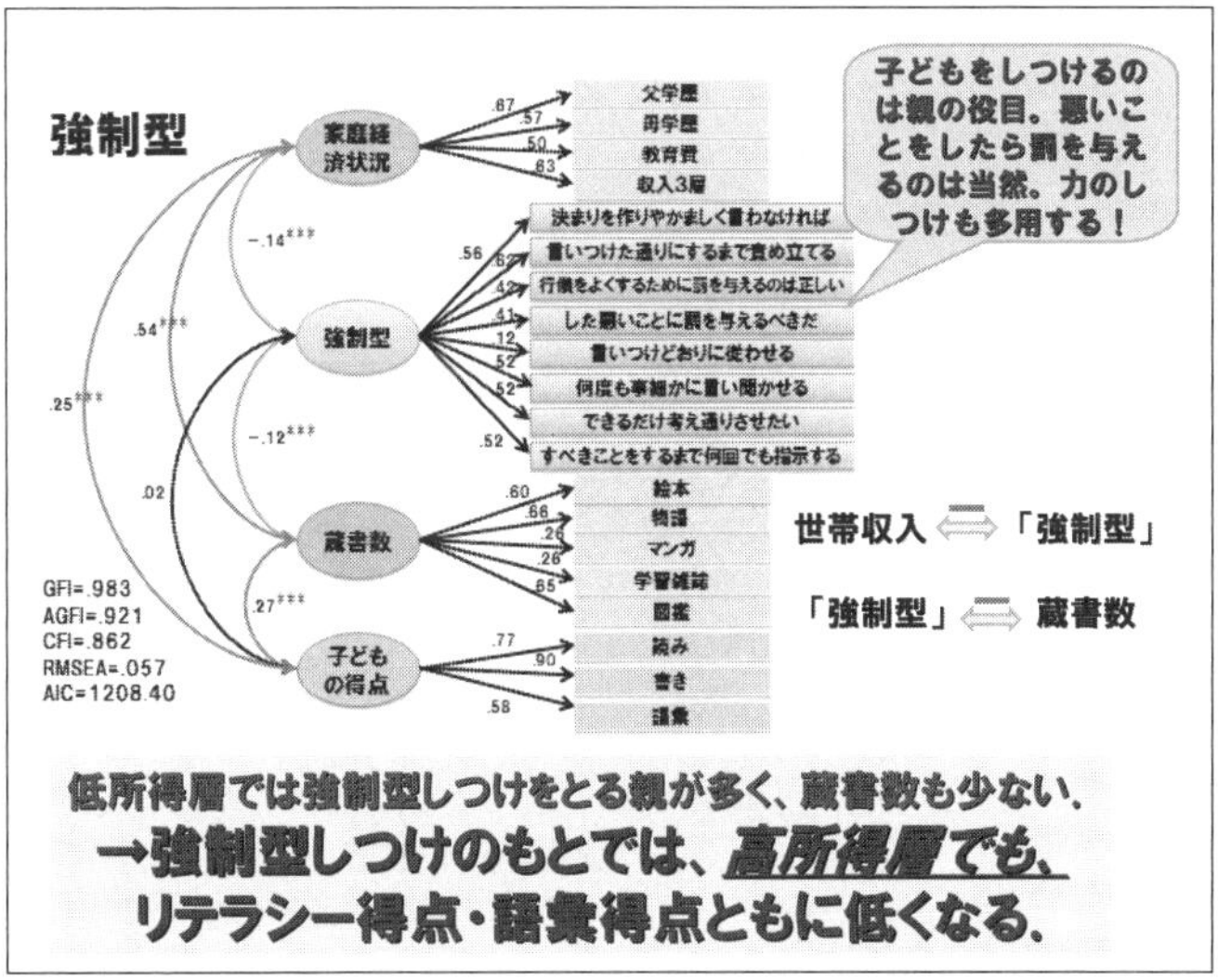
強制型
家庭経済状況
父学歴
母学歴
教育費
収入3層
強制型
決まりを作りやかましく言わなければ
言いつけた通りにするまで責め立てる
行儀をよくするために罰を与えるのは正しい
した悪いことに罰を与えるべきだ
言いつけどおりに従わせる
何度も事細かに言い聞かせる
できるだけ考え通りさせたい
すべきことをするまで何回でも指示する
蔵書数
絵本
物語
マンガ
学習雑誌
図鑑
子どもの得点
読み
書き
語彙
.67
.57
.50
.63
-.14***
.54***
.25***
.56
.62
.42
.41
.12
.52
.52
.52
-.12***
.02
.60
.66
.26
.26
.65
.27***
.77
.90
.58
GFI=.983
AGFI=.921
CFI=.862
RMSEA=.057
AIC=1208.40
子どもをしつけるのは親の役目。悪いことをしたら罰を与えるのは当然。力のしつけも多用する！
世帯収入 ⇔ 「強制型」
「強制型」 ⇔ 蔵書数
低所得層では強制型しつけをとる親が多く、蔵書数も少ない。
→強制型しつけのもとでは、高所得層でも、リテラシー得点・語彙得点ともに低くなる。

ていますが、その子どもたちの語彙が有意に低いという傾向が出てきました(図⑧)。

児童期までの追跡調査

さらに、同じサンプルを小学校一年まで追跡調査をいたしました。幼児期の五歳児九二〇名のうち、小学校一年まで追跡できた子どもは三二一名、幼児期参加者のうち三三%の子どもを追跡することができました。

結果をお示ししましょう(図⑨)。幼児期の語彙能力と書き能力は、小学校の国語学力に因果関係をもって影響しています。幼児期に

図⑨

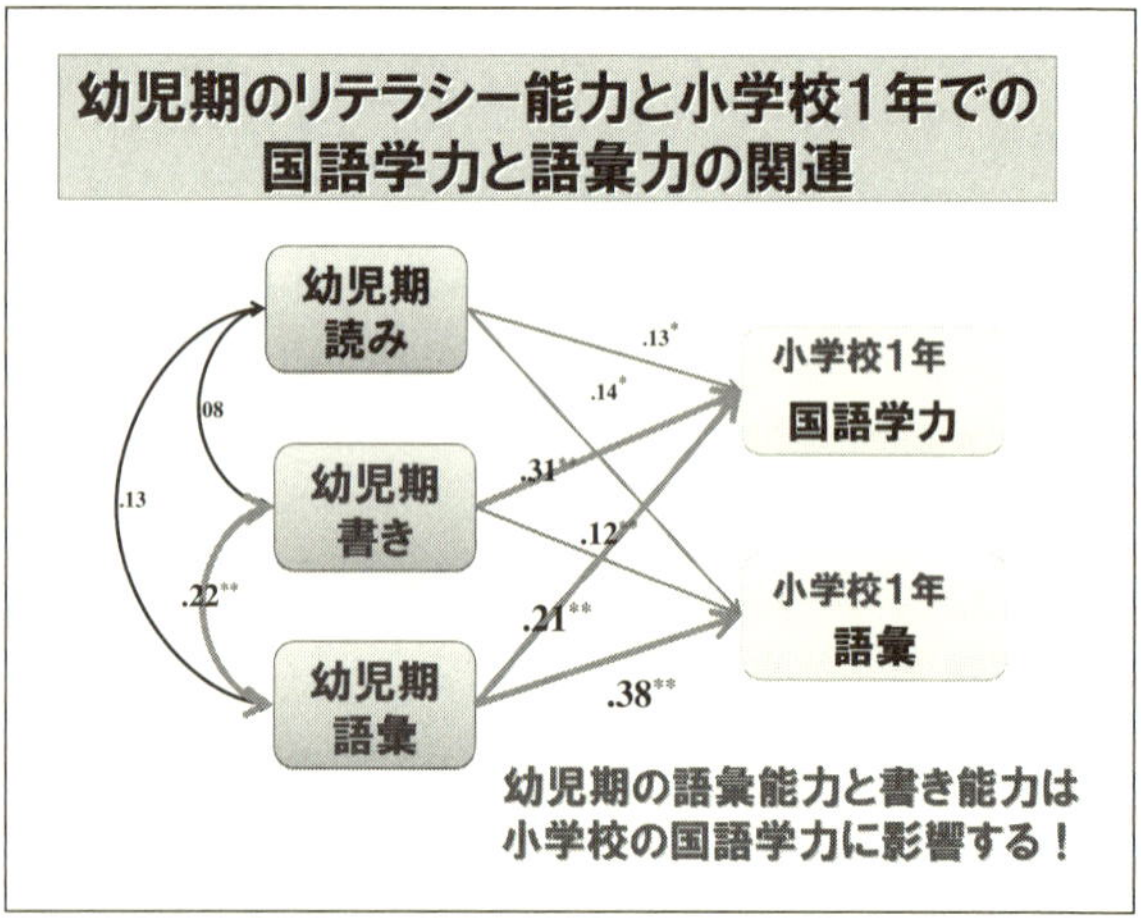

語彙が豊かであると、国語学力テスト——これは問題解決能力を査定するＰＩＳＡ型テストの一年生版を作成してテストしました。読解力テスト、三段論法推論課題、論理的展開を構成する接続詞選択課題などが含まれています。いわゆる考える力や記述力などを査定する問題を作成し、実施いたしました。すると、幼児期に語彙が豊かだった子どもは、明らかに国語の成績が高い、という結果が出てきました。

　さらに、幼児期に共有型しつけを受けていた子どもは、国語の得点が高いという因果関係が検出されました（図⑩）。同じサンプルを五歳児の時点と小学校一年の時点で査定したので、語彙力と国語学力、しつけスタイルと国

図⑩

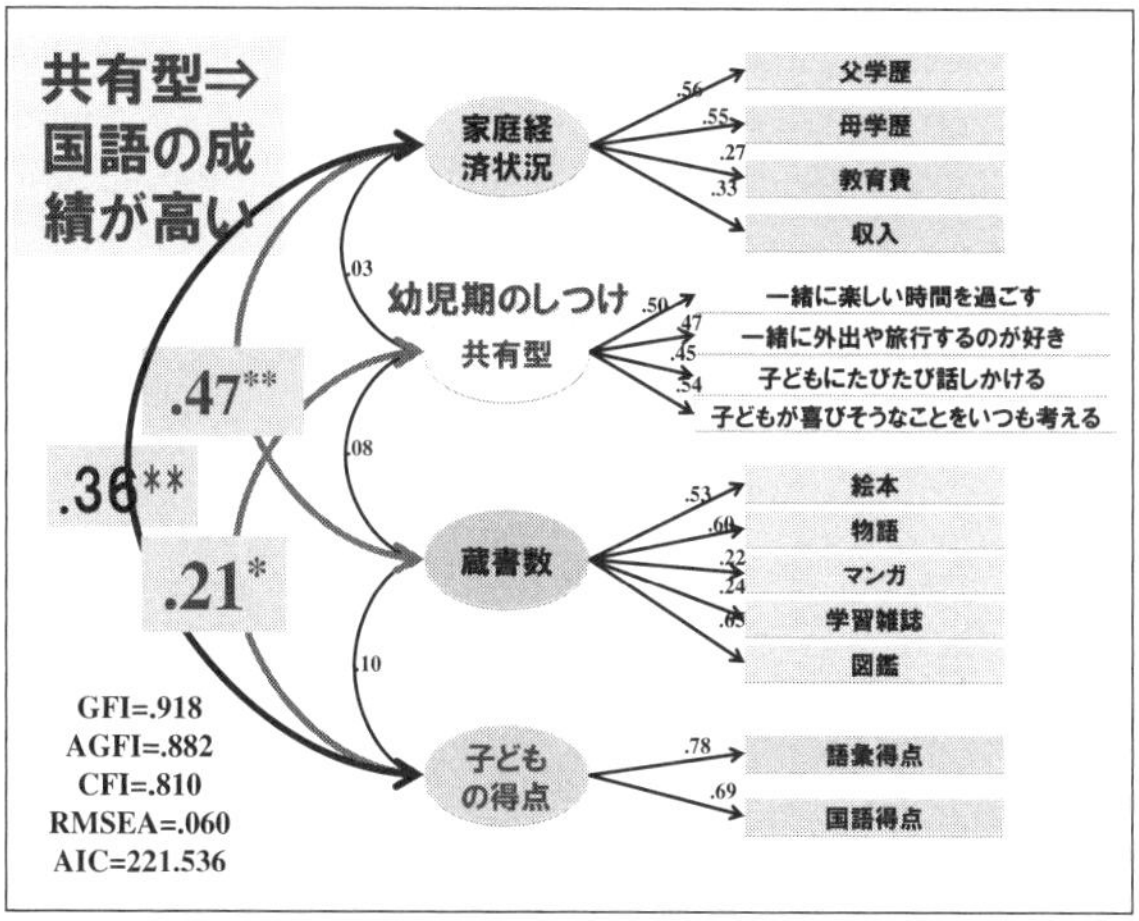

語学力の関係は「相関関係」ではなく「因果関係」です。逆に、幼児期に強制型のしつけを受けていた子どもは、国語の学力テストの成績が低いという因果関係が検出されました(図⑪)。

共有型しつけと強制型しつけ
――語彙力向上の秘密を探る

共有型スタイルのもとで語彙が豊かになり、学力も向上する。いっぽう強制型スタイルのもとでは語彙テストの成績が悪く、学力も低いという結果を踏まえ、母親たちが子どもとどう関わっているのか、母親たちの関わり方のなにが、子どもの語彙テストの成績に影響しているのかを明らかにしようとして、観察研究に取りくむことにしました。

調査にご協力くださったのは、高所得層(年収九〇〇万円以上)の高学歴(四年制大学か大学院卒)、専業主婦で、しつけスタイルにおいてのみ異なる六〇組、つまり、共有型・強制型しつけをしているご家庭三〇組ずつの母子相互作用を観察することにしました。

各ご家庭を訪問し、まずお子さんの好きな絵本を読み聞かせていただき、次に、親子でブロックパズル課題を解いてもらいます。ブロックパズル課題はパターンにあわせて積み木を

図⑪

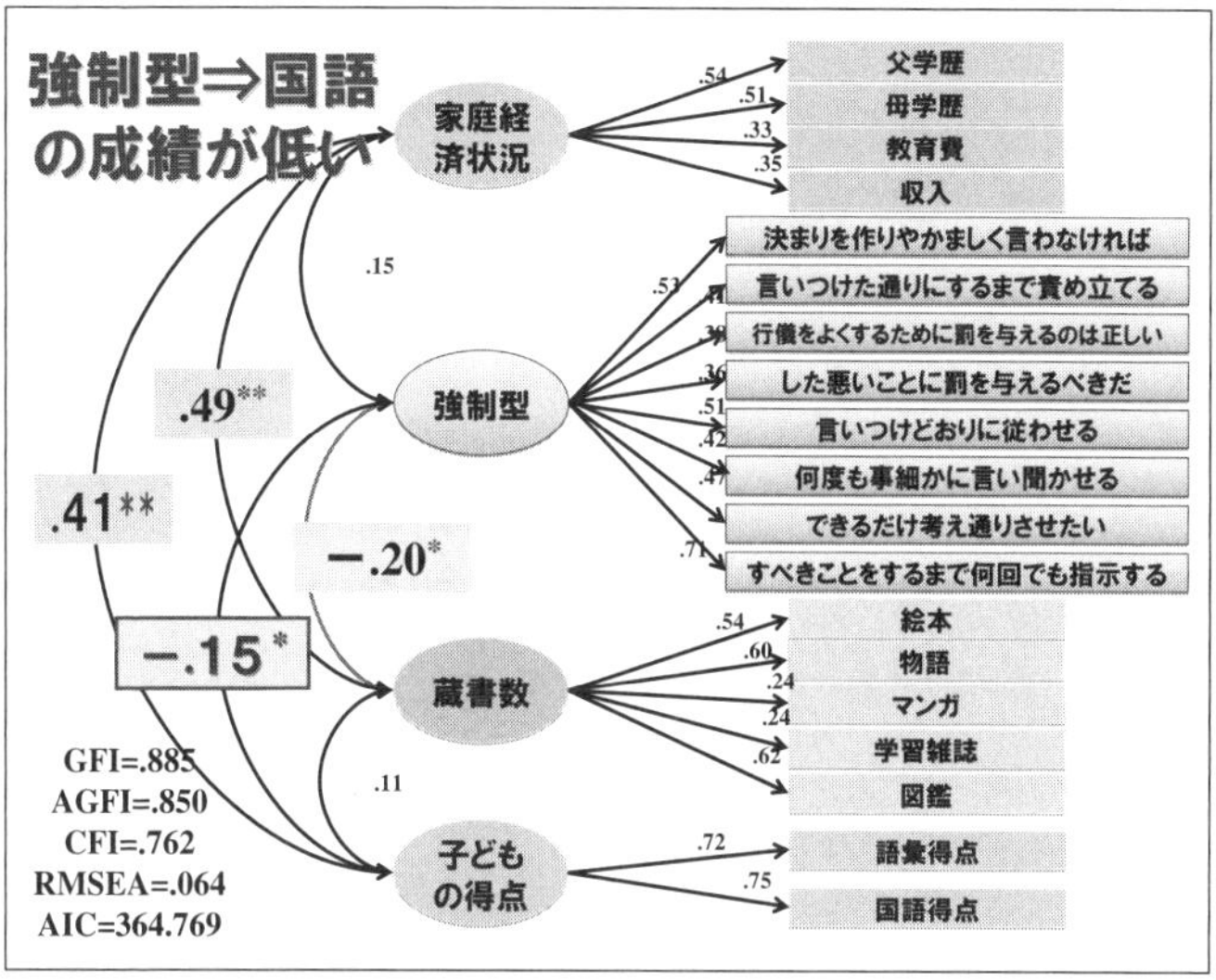

強制型⇒国語の成績が低い
家庭経済状況
.54
.51
.33
.35
父学歴
母学歴
教育費
収入
.15
強制型
.53
決まりを作りやかましく言わなければ
言いつけた通りにするまで責め立てる
行儀をよくするために罰を与えるのは正しい
した悪いことに罰を与えるべきだ
.51
言いつけどおりに従わせる
.42
何度も事細かに言い聞かせる
できるだけ考え通りさせたい
.71
すべきことをするまで何回でも指示する
.49**
.41**
−.20*
−.15*
蔵書数
.54
.60
.24
.24
.62
絵本
物語
マンガ
学習雑誌
図鑑
.11
子どもの得点
.72
.75
語彙得点
国語得点
GFI=.885
AGFI=.850
CFI=.762
RMSEA=.064
AIC=364.769

図⑫

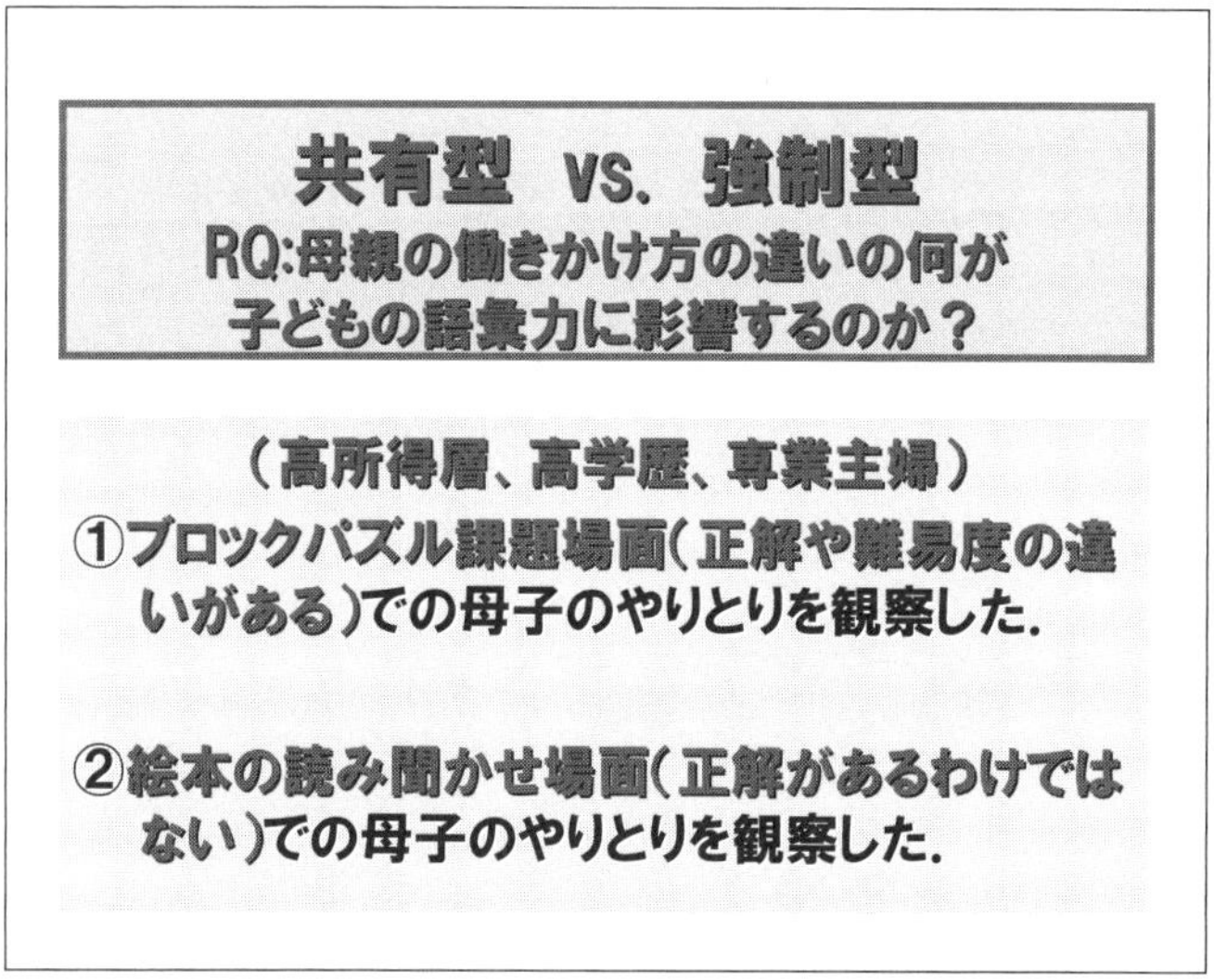

共有型 VS. 強制型
RQ:母親の働きかけ方の違いの何が
子どもの語彙力に影響するのか？
（高所得層、高学歴、専業主婦）
①ブロックパズル課題場面（正解や難易度の違いがある）での母子のやりとりを観察した.
②絵本の読み聞かせ場面（正解があるわけではない）での母子のやりとりを観察した.

並べて、花やチョウチョの絵を完成させるという課題であり、母親からも課題の難易度が推測でき、正解がなにかがわかるものです。さらに、子どもが読んだことのない『きつねのおきゃくさま』という絵本の読み聞かせをしてもらいました（図⑫）。なじみのある絵本の読み聞かせ⇓ブロックパズル課題⇓はじめての絵本の読み聞かせの順に、母子のやり取りの姿をビデオに撮って分析いたしました。

その結果をかいつまんでご紹介しましょう（図⑬）。共有型しつけでは、お母さまが、考える余地を与えるような、援助的なサポートをしていました。子どもにたいへん敏感で、子どものようすを見ながら絵本を読み進めています。自分から話しかけるのではなく、子ど

図⑬

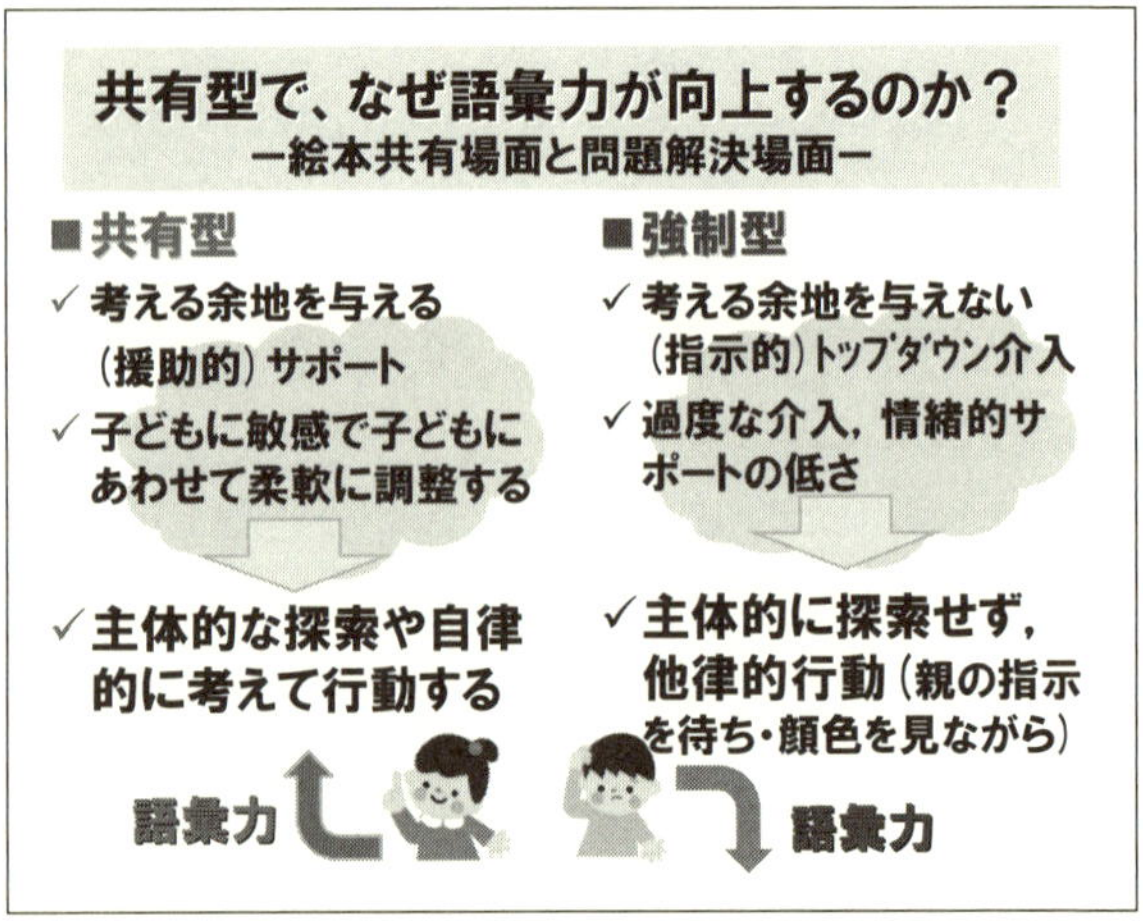

もが発話したことに共感的に応じています。子どもの年齢や発達に応じて、柔軟にことばかけを調整していることがわかりました。低い年齢（四歳児）の子どもには、視線に注意していて子どもの視線がキャッチしたものに対してことばをかけているのも共有型の親に多かったのです。この母親の関わり方に対応するように、子どもも主体的に探索したり、自律的に考えて行動していました。自分の関心領域について主体的に動けるようになっていることがうかがわれました。興味関心を自ら追求し、探索し、地図づくり、世界づくりをしているのではないかと思われます。子どもの主体性が尊重されるなかで、語彙も知識も豊かになっていくのではないかと推測されます。

いっぽう、強制型しつけをとる母親は子どもに、考える余地を与えない、トップダウンの介入をしています。「ぼく、これからやろうかな」というと、「いや、それむずかしいわよ。まずこれをやって、次にこれをやりなさい」。自分の思いを前面に出し、母親の側でレールを敷いて、走らせようとする姿が目立ちました。絵本を読み聞かせたあとで「さ、今のお話、どういうお話だった？　いってごらん」（会場笑い）。「違うじゃない、ママはそんなこといってないわよ。ほら、このページ。読んでごらん。よく聴いてないんだから！」と「勝ち負けのことば」をかけることが目立ちました。強制型の母子のやり取りは見ていてちっとも楽しくないんですね。

強制型の母親の、過度な介入、情緒的サポートの低さ、ということも気になりました。これに呼応するように子どもは母親の顔色を見ながら行動しているのです。自分で判断しても、いつも否定されてしまうということで自分からは動けなくなっているのでしょう。子ども自身の主体的な探索活動が見られず、萎縮してしまっているようすでした。親のために生きているという感じなのです。そういうなかで、おそらく語彙力が下がってしまったのではないかと思われます。

結果のまとめ――小学校の学力に影響する要因はなにか

小学校の学力への影響因をまとめてみたいと思います。まず、幼児期の語彙能力と書き能力(図形模写の能力)は、小学校の国語学力に影響します。次に、幼児期のしつけスタイルは、小学校の国語学力に影響します。語彙と書き能力は小学校の学力に因果的な影響関係が検出されました。また、子ども中心の共有型しつけスタイルは、語彙得点や国語学力の成績に影響していることが見出されました。

文部科学省は、「幼稚園卒の子どもが保育所卒の子どもや未就園の子どもよりも学習到達度調査の成績がよい。これは幼児教育のたいせつさを証明したはじめての調査だ」とプレス発表して、新聞各紙が報道しています。

しかし、このような解釈は間違っています。いや文部科学省の学習到達度調査を実施した方たちは統計学がわからないはずはないので、間違いというより、将来子ども園になることを見越しての歪曲した解釈を発表したのでないかと思います。幼稚園の子どもの家庭の層は、低所得層を含む福祉の観点から設置された保育園の子どもの家庭よりも、所得が高いのは確かです。蔵書数も多いはずです。また未就園の子どもは五歳児人口の三%しかいないんですが、障がいがあったり、離島に居住していて近くに保育施設がないようなお子さんが含まれています。このことをもって、幼児教育のたいせつさが証明できたといっていますが、これはやはりまずいと思います。誤った解釈であり、意図的な曲解であります。幼稚園、保育園の保育の質の違いが小六、中三まで続くとは考えられません。世帯の所得格差、しつけのスタイル、家庭の親子の関わり方の違い、これはおそらく小学校、中学校も続くと思われますが、それが学力格差につながっているのではないでしょうか。

小学校で英語活動を導入することに意味はあるか

大津先生のいわれた「母語を相対化するためのことばの教育」ということから、英語活動を考えてみたいと思います。

認知学習論の立場からいいますと、やはりインプット（言語刺激の入力）の量と質を考える必要があります。どういうふうな言語刺激が与えられるかには、最適期があります。

量の面を考えますと、母語のインプットは膨大です。子どもは、母親のおなかの中にいるとき（受胎して一八週）から、母語を聞き始めます。おなかの中にいるときには単なる音刺激ですが。小学校入学の頃までに三万時間も母語のインプットにさらされています。小学校五年から週に二時間、英語活動をしたとして、たかだか、四日分（九六時間）にしかなりません。このことから母語のインプットの膨大さがわかるでしょう。

質の面について述べますと、ことばの習得を考えるときには、いつ、どんな必要から、どの部分についてか、ということを問題にしなければなりません。ものすごいコストを投入しても、それに見合う効果が上げられるのか、ヒアリングや会話だけではどうにもならない、というのが私の主張です。言語教育というのは、生涯をかけて磨いていかねばならぬものであります。世界の人が耳を傾けるに足る内容をもつ、人間力を育てるには、中途半端な英語活動の導入は意味がなく、むしろ、日本語での表現力、論理能力を育てるということにこそ、力を入れるべきです。

ラボのこの本『「一〇代とともに」語りあう』（ラボ教育センター新書）の前書きには、佐藤学先生が「日本語の土台をしっかりつくっておく、学んでおくということが、英語を学習するときに非常によい」ということをお書きになっていらっしゃいます。さきほど、「先生、私もこのご意見にまったく同感です。同じ主張ですね」と申しあげたのですが。

ことばはあくまでもやりとりを通して習得するものであります。ＤＶＤなどを一方的に流しても獲得できません。ことばは、会話、つまり社会的やりとりを通して習得されるという特徴があるのです。Zimmerman、Christakis と Meltzoff が小児医学雑誌に二〇〇七年に発表したデータを例にお話をします。これは約一六〇〇名の赤ちゃんを、五年間追跡したデータであります。生後六か月から一〇か月間、ＤＶＤを一方的に視聴させる。『ベイビー・バッハ』『ベイビー・アインシュタイン』という早期教育のＤＶＤを見せました。そうしますと、その一〇か月間のＤＶＤ視聴がどう効いてくるか。一年後、二年後、三年後、四年後で、一時間以上赤ちゃんに見せたグループは、どんどん言語能力が下がっていっています。いっぽう、三〇分以内だったらまあ影響はない。ほとんど見せなかった、見せてもたかだか一〇分以内というグループ。この場合は『ベイビー・バッハ』『ベイビー・アインシュタイン』ではなく、『セサミストリート』をちょっとだけ見せた、という人はいたのですが、どんどん成績が上がっていきます（図⑭）。

つまり、ことばは一方的にテープを流して聞かせてもだめで、ラボで行なっているように、交流しながら、楽しく会話しながら異年齢の子どもたち、それからテューターの方、「優れた」テューターたち（会場笑い）が交流しながら楽しく学ぶという方法で、ことばは、それ

図⑭

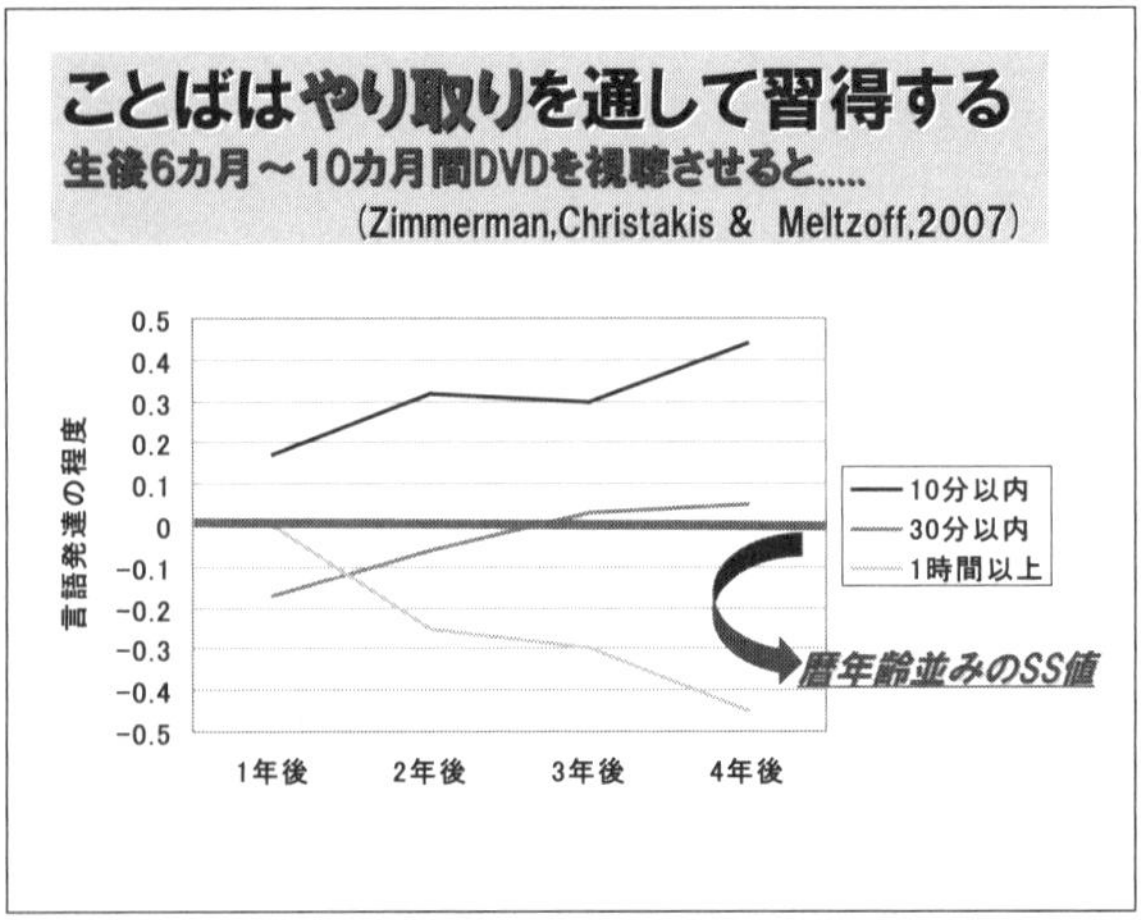

も英語だけではなく日本語も習得できるのです。

続いてご紹介するのはCumminsとNakajimaの入国年齢と英語読解力の関係を見た、非常に貴重なデータです。そのデータによりますと、日本からカナダに移住した子どもたちが、現地の、ネイティブスピーカー並みの英語読解力を身につけるのは、七～九歳まで日本の学校にいてそれ以降にカナダに行った子どもたちが一番速やかで、次が一〇～一二歳。小学校六年まで日本語の学習をしっかりしたうえで、その後カナダに行ったというお子さんは次に速やかです。いっぽうで三歳以前に移住したお子さんは、立ち上がりは早いのですが、この英語読解力が現地の子並みになるま

図⑮

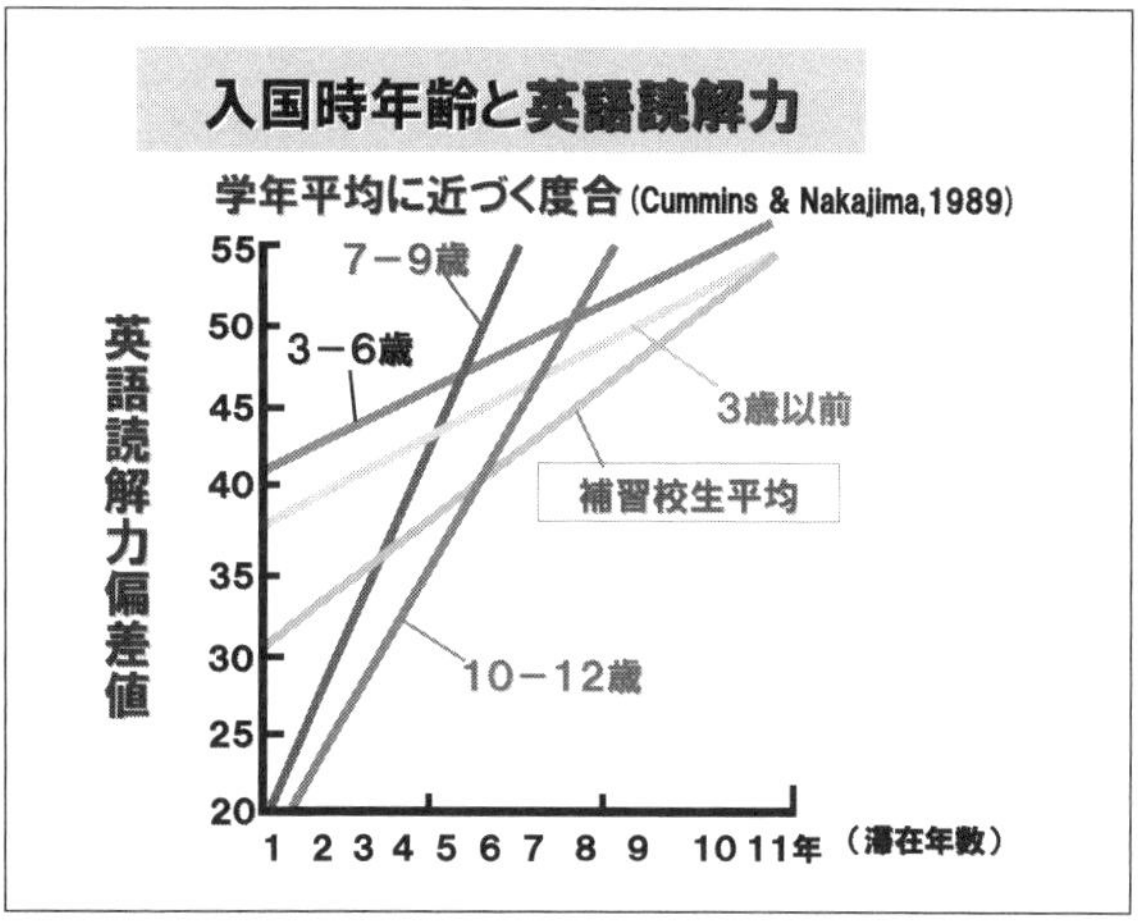

でのカーブは緩慢であります（図⑮）。

もうひとつ深刻なのは、同じくCummins が出したデータに、早い時期から移住した子どもの学校の成績が四年生からガクンと落ちてしまうという報告があるのです。つまり、算数を除いて、社会とか、国語、それから理科などの学習についていけない。幼児期など早い時期から移住した子どもたちは、家庭では日本語を使っている。そして、カナダの文化を知らないわけですよね。そこで、やはり一般の学習についていけない、というデータも出てきてしまっています。さきほど通訳の伊藤さんのご意見を紹介しましたが、伊藤さんが指摘されたように、三～四歳でカナダに移住した子どもの発音は母語話者並みですが、家庭では日本語を話し、カナダの文化的背景が身についていないことから、小学校に入り、教科学習が始まりますと、四年生ごろから学習についていけなくなります。読み書きを伴った学習言語としての「英語読解力」には問題があり、授業についていけなくなるのです。

お茶の水女子大学附属中学校では一〇年間、私も関わりまして、小学校で英語を学習した経験のある子と、まったく学習した経験のない子どものテストの成績を一〇年間追跡いたしました。テストの構成は二割が聴解・ヒアリングで、八割が読解問題です。一年生の一学期の中間試験から追跡を始めました。すると、既習者と未習者（一三～二〇％と少ないのですが）の間には、まったく成績の差がないことがわかりました。既習・未習にかかわらず、家庭での学習習慣がない生徒は成績が低下していってしまう。英語の成績と数学の成績の相関は高いのですが、国語の相関は一年生のときのみあって、あとはなくなっていきます。文学史のような、ルール学習以外のものが入ってくるので相関が低くなるのでは、と私たちは考えています。こんな具合に、小学校で英語を経験しているか否かの違いでは、まったく差がないという結果でした。この結果を受けて英語教員が、次のように報告しています。「言語活動に向かう姿勢ひとつをとっても、日本で『他者と関わり伝え合い協働する』ことが苦手な生徒は、英語でも同様である場合が多い。語彙の習得における反復練習の習慣づけなども、英語以前に日本語で小さな成功経験を積み上げているかどうかが、英語で同様の習慣づけに影響していると思えることがある。また、英語の主述関係や修飾被修飾関係で混乱する生徒がいるが、これも日本語における関係把握との相関もあるのかも知れない」と指摘しています。

二言語相互依存説
—母語の土台をしっかり築く

言語心理学者のCummins は「二つの言語は二つの入口から二つの袋に入るのではなく、入口は二つでもひとつの袋、つまり二つの言語に共通する『土台』をもっている」と指摘しています。Cummins が想定する二言語に共通する土台とは「シンボル操作を司る中央作動システム」という、言語に通底する普遍の部分のことです。さきほどの大津先生の図にもありましたが、言語の土台、すなわち二言語の共有面は、「中央基底言語能力・中央作動システム」のことです(図⑯)。これは、論理的に分析・類推・比較し、まとめるといった抽象的

図⑯

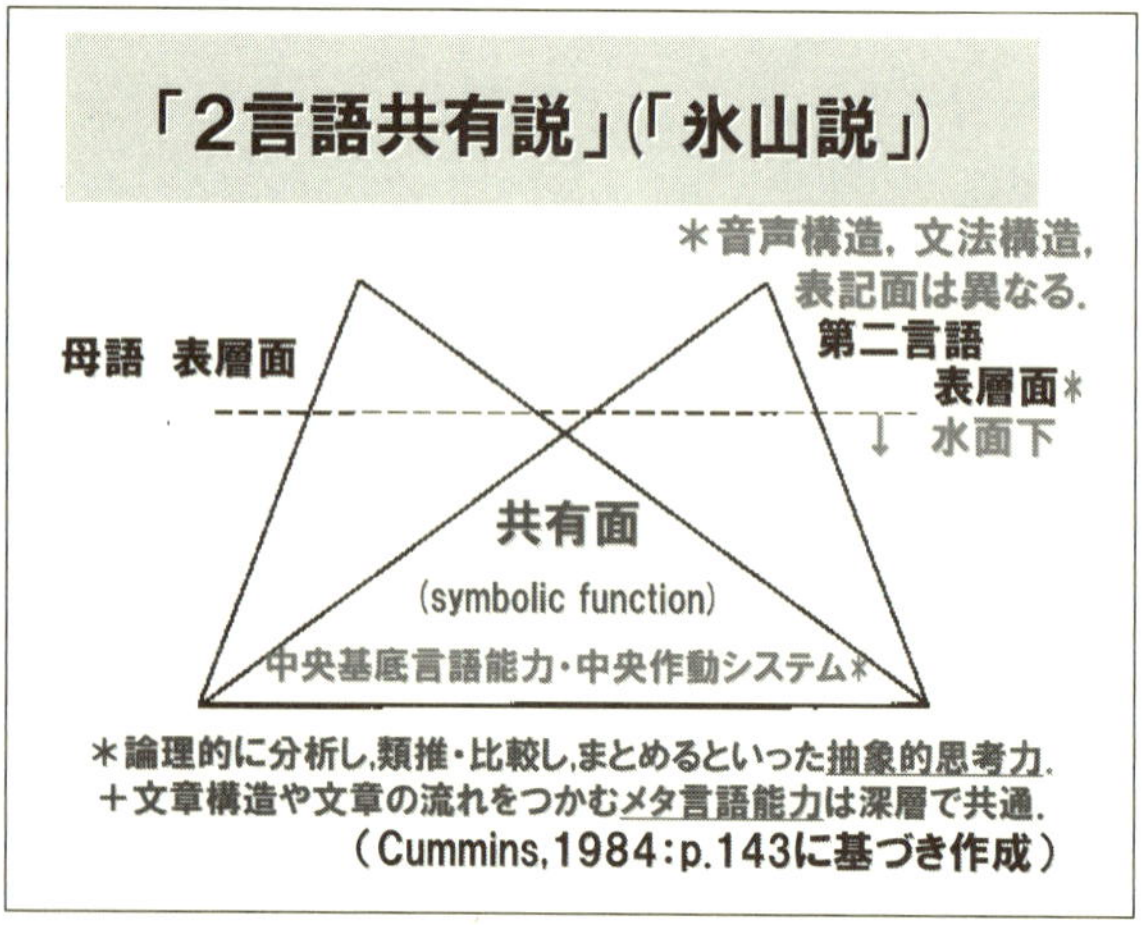

思考力、文章構造や文章の流れをつかむメタ言語能力、自分の言語を相対化して見る、ことばそのものを相対化して捉えるメタ言語能力は、深層で共通しているはずだ、という仮説を提唱しておられるのです。図⑮とこの仮説（図⑯）を踏まえると、母語の土台がしっかりしていれば、第二言語の習得が容易になるということになります。

ところが日本での国語教育はそれほど誉められたものではありません。私の発達心理学を受講した帰国子女の学生が、日本で行なわれている言語教育について、次のように述べています。この学生は、三歳半〜一三歳まで、一一年間半、旧西ドイツのハンブルグ市にいたのですが言語獲得の臨界期（※）について

図⑰

自己の内面を耕すことばの教育

3歳半〜13歳まで11年間半、旧西ドイツハンブルグ市に在住
⇒バイリンガルになれなかったT.Y.さん（心理4年）の切実な訴え（内田,1999）

◆第2言語をよりよく習得するというのは，どれだけその言語の文化に真剣に向き合うかで決まるように思います．また，現地の学校に長くいる子どもの方が，日本語補習校で作る文集の作文がうまい（文章力があり，内容がいい）という現象がありました．

◆それは言語能力というものが，単に○○語の熟達ということだけでなく，文化を継承する努力によって自己の内面を耕すという，人間に共通な性質をもっていて，第2言語と格闘している子どもの方が，そういう能力が高いのだという気がしています．

◆だからといって，日本で第2言語を早期に教えるべきだというのでは決してありません．そうではなく，日本でなされている日本語教育がいささか頼りないと思うのです．帰国後に受けた中学，高校の授業では，自分自身の変革を迫られたり中身をしぼり出させられたりするような体験には不幸にして出会えませんでした．

知った後で、「私はバイリンガルになれなかった」というレポートを私に提出しました。レポートの最後のところをご紹介したいと思います。

「第二言語をよりよく習得するというのは、どれだけその言語の文化に真剣に向き合うかで決まるように思います。また、現地の学校に長くいる子どものほうが、日本語補習校で作る文集の作文がうまい（文章力があり、内容がいい）という現象がありました。それは、言語能力というものが、単に○○語の熟達ということだけでなく、文化を継承する努力によって自己の内面を耕すという、人間に共通な性質をもっていて、第二言語と格闘している子どものほうが、そういう能力が高いのだ

図⑱

即効よりも底力を！長期的視点に立つことばの学習のカリキュラム開発を.

(1)小学校では・・・・・*理性と感性の協働！*
国語、算数、科学教育、アートに力を注ぐべき

(2)中・高・大(＋大人)という長期的視点に立ち学習者のニーズにあわせた英語教育が持続的に提供できるシステムをつくる.

★ヒヤリング，産出，読解，文法，語彙，作文，言語の文化的背景と歴史などを含む総合的にバランスのとれたカリキュラム

という気がしています」。（図⑰）

つまり、第二言語と格闘している子どもは、ことばを相対化して捉える能力を身につけやすい、と暗にいっているのだと思います。「だからといって、日本で第二言語を早期に教えるべきだということでは決してありません。そうではなく、日本でなされている日本語（国語）教育がいささか頼りないと思うのです。帰国後に受けた中学、高校の授業では、自分自身の変革を迫られたり中身をしぼり出させられたりするような体験には不幸にして出会えませんでした」という、痛烈な日本における国語教育への批判で、そのレポートは締めくくられています。

結論――五〇の文字を覚えるよりも、一〇〇の「なんだろ?」を育てたい

結論を述べたいと思います。「即効よりも底力」をめざし、長期的な視点に立つことばの学習のカリキュラムの開発をしなければなりません。小学校では理性と感性の協働ということがなによりもだいじです。国語、算数、科学教育、さらにアートにも力を注ぐべきです。感性と両輪にしなければ、理性は発揮できないからです。中・高・大生プラスおとなという長期的

視点に立ち、学習者のニーズに合わせた英語教育を、持続的に提供できるシステムをつくることが重要で、ヒアリング、産出、それから読解、文法、語彙、作文、言語の文化的背景と歴史などを含む総合的にバランスのとれたカリキュラムがだいじではないかと思います（図⑱）。また、中学校以降の英語教育こそ、見直すべきであると私は思います。

五〇の文字を覚えるよりも、一〇〇の「なんだろ？」を育てたい、と私は思います。子ども自身が考え、判断する余地を残すこと、これが自分で考える力、語彙力の向上につながる、ということであります。教育、教え育てることは、ともに育ちあうことでもありますし、協力して育てることでもあります。交流と互恵。互恵はチンパンジーにはない、人間の非常に特有な能力であります。「即効性よりも底力」をめざして、ラボの空間で楽しい交流が行なわれますように、とお祈りしたいと思います。

ご清聴ありがとうございました。

※言語獲得の臨界期

「母語の獲得には臨界期があり、三、四歳〜一一、一二歳まで」とアメリカの神経生理学者レネバーグが提唱した仮説。この説は失語症患者の言語回復の観察から提唱されたものであり、健常児の言語獲得にあてはまるかどうかは異論がある。言語獲得には個人差があるため「臨界期」という表現を避けて「言語獲得の敏感期」と呼ぶ研究者が増えている。

内田伸子

お茶の水女子大学客員教授、名誉教授、元副学長。お茶の水女子大学大学院人文科学研究科修士課程修了、学術博士。専門は発達心理学・認知心理学。財団法人ラボ国際交流センター理事。著書『ごっこからファンタジーへ —子どもの想像世界—』（新曜社）、『子どもの文章—書くこと・考えること』（東京大学出版会）、『想像力の発達 —創造的想像のメカニズム—』（サイエンス社）、『ことばと学び—通いあい響きあうなかで』（金子書房）、『発達心理学 —ことばの獲得と教育—』（岩波書店）、『子育てに「もう遅い」はありません』（成美堂出版）など多数。

第二章

テーマ活動
――物語を題材に、対話と交流から生まれる「学び」

◎ラボ教育プログラムとテーマ活動

ラボ・パーティは「ことばがこどもの未来をつくる」をあいことばに、一九六六年春に発足しました。「テーマ活動」という、グループの仲間とともに物語をことば(英語などの外国語と日本語)と身体で表現する教育プログラムを中心に据え、母語である日本語をたいせつに、子どもたちの英語(外国語)の力、想像する力、表現する力、コミュニケイションする力を育てています。その特徴は、「物語」と「子どもどうしの対話、交流」を学びの柱にしたところにあります。ラボ・パーティの子どもたちは、世界の物語を英語(外国語)と日本語で語られるCDで聴き、ラボ・テューター(指導者)のもとに週一回集まり、仲間とともに活動しています。もうひとつの柱に、国内外での交流活動があります。地域ごとに開催される行事や、キャンプ活動、相互ホームステイ交流など、魅力的なプログラムを展開しています。

「パーティ」という呼称も、ラボの特徴を表わします。年齢も経験も性別も違う個性ある子どもたちが、それぞれ物語について自分が感じたことをだしあい、仲間と共有します。五歳の子が物語の本質を捉えていることに中学生や高校生が驚かされることがあります。年少の子どもたちにとっても、憧れのお兄さん、お姉さんに認められ、ともに活動できることは大きな喜びとなり、自信となります。また、中学生や高校生にとっても、幼い子に慕われることは、自尊感情を育むことにつながります。

子どもたちにこのような関係が生まれるのは、子どもの気持ちに寄り添い、その可能性を引き出す、テューターの存在があるからです。テューターは、いわゆる語学専門の「教師」ではありません。物語が好きで、人生の味わいや喜怒哀楽に感動でき、子ども一人ひとりと共感しながら成長をサポートしたいと熱く願っているラボ教育プログラムの推進者です。子どもにとっておとなのパートナーであり、子どもたちだけではなかなか到達できない高みに導く引き出し役として関われることが重要です。

学校の枠組みとは異なり、幅広い年齢の子どもたちに関わるプログラムですから、テューターとひとりのラボっ子との関係は一〇年以上に及ぶこともあります。子どもにとっては「もうひとりのお母さん」ともいえます。ラボ・テューターは、一人ひとりの子どもと「私とあなた」の関係を築き、その信頼をベースに、豊かな学びの環境を創出しています。

私たちは、英語(外国語)教育を実践するにあたり「ことばは人間の心の表現である」という考えを原点としたいと考えました。従来の外国語教育では、知識を覚えることはできても、心の表現としてのことばを子どもたちが獲得することは困難です。そこで私たちは、母語習得と同一にはできませんが、それと相似した外国語習得システムをつくることができるのではないかと考え、「ラボ・ライブラリー」の制作と、それをもとに行なわれる「テーマ活動」の創出によって、大きな一歩を踏みだすことになりました。

ラボ・パーティの共通素材(教材)は、世界のすぐれた物語、神話、ファンタジー、戯曲などから厳選され、「絵本とCDのセット」として制作されたラボ・ライブラリー(以下ライブラリー)です。ライブラリーは、外国語(おもに英語)と日本語の文ごとの対訳形式で構成され、音楽も加わり、子どもが物語や歌を楽しみ、日本語と外国語に親しめるようにくふうされています。外国語も日本語もすぐれた俳優によって吹きこまれており、臨場感のある演出で物語が語られるなど、子どもが興味を抱き、何回聴いても感動を新たにできるように制作しているので、子どもたちは家庭でも楽しく、くり返し、このライブラリーを聴きます。くり返しライブラリーを聴くことは、子どもにとってことばを吸収する土壌づくりであり、いってみたい、相手に伝えたいという気持ちを高める効果をもたらしています。

子どもがライブラリーを継続的に聴くのは、作品の魅力だけではなく、パーティの仲間と刺激しあっているからです。物語のテーマや登場人物の魅力、ふしぎに思うことなどについてテューターや仲間とやりとりをし、互いに影響しあっているからです。

ライブラリーをよく聴くこと、その音声を同じように発してみることはテーマ活動の出発点であり、ラボ活動の全過程を通じて行なわれる基本的な活動なのです。

テーマ活動は英語（外国語）と日本語の二言語対応方式で取りくまれることが多いのが特徴です。母語である日本語と対比して聴くことで外国語の特徴と魅力に出会うことができ、外国語に触れることで日本語の特徴と魅力にあらためて気づくという作用もあります。二言語で物語を味わいながら活動した後、英語（外国語）だけでテーマ活動を行なうこともあります。

言語習得に即していえば、子どもは、好きな物語を黙って聴く過程を経て、テーマ活動のなかでいえるところを心込めて語るようになります。高学年になれば長い語りも堂どうと語れるようになります。子どもはこのように成長し、現実体験を重ねるにつれて、海外ホームステイ先などのさまざまな場で、必要な言語運用能力を発揮していくのです。

一九六九年から開始したラボ・キャンプと一九七二年にスタートしたラボ国際交流は、日本や海外の青少年が生活をともにする場で、コミュニケイションの図り方を、一人ひとりの子どもに問う教育プログラムとなりました。物語をもとにした日常のパーティ活動と、非日常活動としてのキャンプや国際交流という現実世界での体験との往還は、子どものことばとの出会いをより豊かなものにし、実践的なものに高める可能性を開きました。

今日、子どもたちは国際化と情報化が進展するなかで、直接体験から生まれる発見と感動が希薄となっているようです。また、傷つくことを恐れるあまり、多様な人間関係のるつぼに身を置くことをきらって、自己確立を避けているかに見えます。こうしたなかで、ラボ教育プログラムは、「物語」と「仲間との対話と交流」をその柱におき、考える力や想像する力、表現する力などを含む、広い意味でのことばの力を育てています。

私たちは、「よい物語に触れること」「異年齢での活動」「異文化交流の体験」を通し、子ども一人ひとりが本来秘めているエネルギーを触発することで、その計り知れない可能性を伸ばしていきたいと願っています。

『国生み』

◎解説

ラボ・ライブラリーSK15『国生み』は、「古事記」を題材に再話した物語。天地創造からイザナキ、イザナミの二神による人類創成までを描いた『国生み』、二神の子で、後に地下の国の主となるスサノオの成長物語である『スサノオ』、国譲り神話に題材をとった『オオクニヌシ』、ホオリ(山幸彦)とホデリ(海幸彦)の物語である『わだつみのいろこのみや』の四話で構成されています。日本語はらくだ・こぶに氏、英語はC・Wニコル氏、音楽は間宮芳生氏、絵本の絵は高松次郎氏。劇表現の『国生み』は、英語・日本語の二言語で、およそ三〇分にまとめられています。

◎あらすじ

『国生み』の物語は、すべてのものの形がないところにあらわれたイザナキ、イザナミの二神の誕生から始まります。二神は天から降りてきた矛を使い、小さな島とそそりたつ塩の柱を作りました。二神はこの柱を回り日本の大地を生み、そして、たのしい国にするために、川の流れの男神と海の汐の女神を生みます。この二神もまた、親神をまねて国づくりに必要なさまざまな神を生んでいきます。イザナキとイザナミは人間を生むまえに、彼らの生活に必要な火を生むのですが、火の神誕生と同時にイザナミは炎につつまれて息絶えてしまいます。なげき悲しんだイザナキでしたが、やがて地下の国へ、イザナミに会いに行きます。しかし、地下の国の住人となってしまったイザナミはイザナキを襲います。地下と地上の国との境まで逃げたイザナキは大岩でその道を塞ぎ、二神はその岩に相対して人間の生と死を司るやりとりをします。

◎子どもたちの英語・日本語によるテーマ活動（劇表現）発表

The Birth of Land『国生み』

It was made of light, transparent, glowing like a gem.
すきとおる玉のような光でできていた。

A weird shape had been born.
あやしげなかたちが生まれてきた。

In her clear voice Izanami called out:
イザナミが，すんだ声をはりあげた。

"Rocks alone won't make a pleasant land."
「たのしい国にするには，岩だけじゃまずい」

Izanami had ceased to breathe, but from her dying body were born the deities of gold, silver, copper, iron and of potter's clay, and of food too.
息たえていくイザナミのからだから，金銀銅鉄の神，焼きものにする土の神，食べものの神が生まれた。

For days Izanaki grieved,
イザナキはいく日もかなしんでいたが,

while here and there, crouching down with staring eyes, were the forms of old thunder, of young thunder, of black thunder, and red thunder, eight in all.
あちらこちらに年とった雷や若い雷, 黒雷や赤雷などが八つもうずくまって, ぎょろりと目をむいていた。

Izanaki blocked the slope with a great boulder, so large it would have taken a thousand men to pull it away.
イザナキは千人でひっぱらなければうごかないほどの大岩で坂をふさいだ。

"I'll show you that these humans will never cease to exist."
「人間が決してほろびないようにしてみせるぞ」

Long, long ago, this story was handed down by people who believed that this was how their land came into being.
遠い, 遠い昔, じぶんたちの国がこんな風にしてできたと語りつたえているひとびとがあった。

実践活動報告
物語に出会い、心の琴線に触れる活動を

ラボ・テューター　熊井とも子

子どもの自発性をたいせつに

ただいまご紹介にあずかりました、ラボ・テューターの熊井です。よろしくお願いします。さきほどは、子どもたちの発表を見ていただいてほんとうにありがとうございました。

はじめに、私がラボと出会った経緯というか、きっかけからお話しさせていただきたいと思います。ラボというものを説明することはとてもむずかしくて……今日は、とくにラボにはじめて出会う方にもわかりやすいように、といわれておりますが、どこまできちんと説明できるかわかりませんけれども、お聞きください。

最初に、ラボと出会いましたのは、横浜にお嫁に来て（会場笑い）、姪っ子たちのために「子さんはなにか（英語関係のこと）やっていたんでしょう？　英語を教えてやって」と頼まれたことがきっかけだったんですね。でも、その子たちは幼稚園児で……私はその前にちょっと塾の講師みたいなことをやっておりまして、英語力というのは、あくまでも日本語力というか、言語能力がないとどうも伸びないなと思っていました。また「英語を教える」ということばにもちょっと違和感をもっておりました。それで、その当時ブームのようにいっぱい出ていた大手出版社などの英語教材といわれるものを、すべて比較検討した結果、ラボだけが私の心に響いた、というわけです。物語を使って、ごっこ遊びをする、ということにすごく魅力を感じたんですね。

そして、その十年ほど前に、朝日新聞の第一面の片隅に「ことばが子どもの未来をつくる」という小さな広告がありまして、それを見たときのことを思い出したんですね。ラボ・マークっていうのがありまして——さきほど子どもたちのTシャツのところに緑のマークがありましたけど、そのマークの上か下に「ことばが子どもの未来をつくる」と書いてあって、これってなんだろう？　ってすごく不思議に思ったんです。でもそのときは「私には関係ない」と思っていたのです。十年以上経って、いろんなものを比較検討したなかにこのことばを見つけて、とっても不思議な気持ちになったのを覚えています。

「英語を教えてやって」と頼まれて始めたラボだったのですが、子どもたちのようすを見ていると、なんだか私が教えようとすればするほど、子どもは遠ざかっていくような気がしました。では、どんなときに子どもは生きいきして楽しそうかな、と一生懸命観察していくと、どうも、子どもが自発的になにかをしだしたとき、お話の世界に自分から進んで入っていったとき、それからお友だちといっしょにお話の世界で遊んでいるとき。そのようなときにいちばん生きいきしているなあと思ったんですね。私が最初から「これがとてもだいじ」と思ったわけではなくて、やっていくうちに「これがだいじなのではないか」と思ったのが、「子どもの自発性」と「物語」、ということになります。

自発性といってもいろんな意味があると思うんですけど、一例として「国生みだより」（事例①）をお目にかけます。『国生み』というお話を選んだあと、大学生が自分から「こんなことをやってみたいんだけど」と、持ってきたのが「国生みだより」です。それは、『国生み』に取りくむにあたって、自分の仲間や、お母さま

事例①

2010 ラボ くまいP
2010.12.12 発行!
国生《くにう》みだより vol.2
— The Birth of Land —
"Beloved husband that I miss so much, for the rest of eternity I will dwell in the Underworld."
「恋しい夫のあなたですが、わたしは永久に地下の国でくらします。」

国生み遠足《えんそく》のおしらせ
12/23(祝) みんなで江の島《しま》に行こう!

12月23日に、行ける人たちで江の島へ遠足に行きたいと思います。

どうくつの中に入って、みんなで地下の国を体験《たいけん》しよう!

地形も豊かなところなので、海や山など色々な神が生まれてくるところのイメージが深められたらなと思っています。

参加できるラボっ子、お母さまお父さま、大大大歓迎です☆

合同練習日程について
他のラボ活動とのかねあい等で練習日程が一部変更・追加になりましたので、確認よろしくお願い致します。

1月16日(日) 合同練習①
30日(日) ②
2月11〜12日 国生み合宿 part1
19日(土) 合同練習③
3月5日(土) ④
12〜13日 国生み合宿 part2
19日(土) 合同練習⑤
26日(土) ⑥
4月1〜2日 国生み合宿 part3
9日(土) ラスト練習!
10日(日) 本番!!

☆国生み遠足参加票☆
国生み遠足に参加します。
ラボっ子なまえ
お母さまお父さまのおなまえ

たちに向けて書いたお知らせやメッセージなどをまとめたものでした。このように、熊井パーティではなにかに取りくむとき、高校生や大学生が企画運営をして、そのようすを保護者やラボっ子たちにお知らせしていくようになっています。

次にお見せするのはさきほどの『国生み』の発表の際、高校生の子と後半のナレーターをしていた、小学校二年のもといという男の子が作ってきたノートです（事例②）。『国生み』に取りくむにあたって「世界でたったひとつのノートを作ってみたら」と私がすすめてみましたら、こんなノートを作ってきました。表紙も自分でレイアウトをして、紫の折り紙の飾りなども自分で作ったそうです。その中

事例②

自作のノート
もとい（小2）
『国生み』を最初から
最後まで書き写している
（4月1日提出）

をご覧ください（事例③）。『国生み』の絵本を最初から最後まで英語と日本語で書き写しをしています。これは火のところの表現です。小二ですので、ずいぶん時間とエネルギーを費やしたと思うのですが、やっぱり、お話への強い思い、それがなければできないことだと思っています。このように自分から興味をもって取りくむとき子どもたちはすごい意欲や集中力で向かっていきます。このようなときにこそ、子どもはほんとうに学ぶのであり、私自身、本来ことばというものは自発的なものであるべき、と思っております。

次にお目にかけますのが、ゆうきという年長（六歳）の子のノートです（事例④）。ここには、最初の場面、「がらんどうがあった。」から

事例③

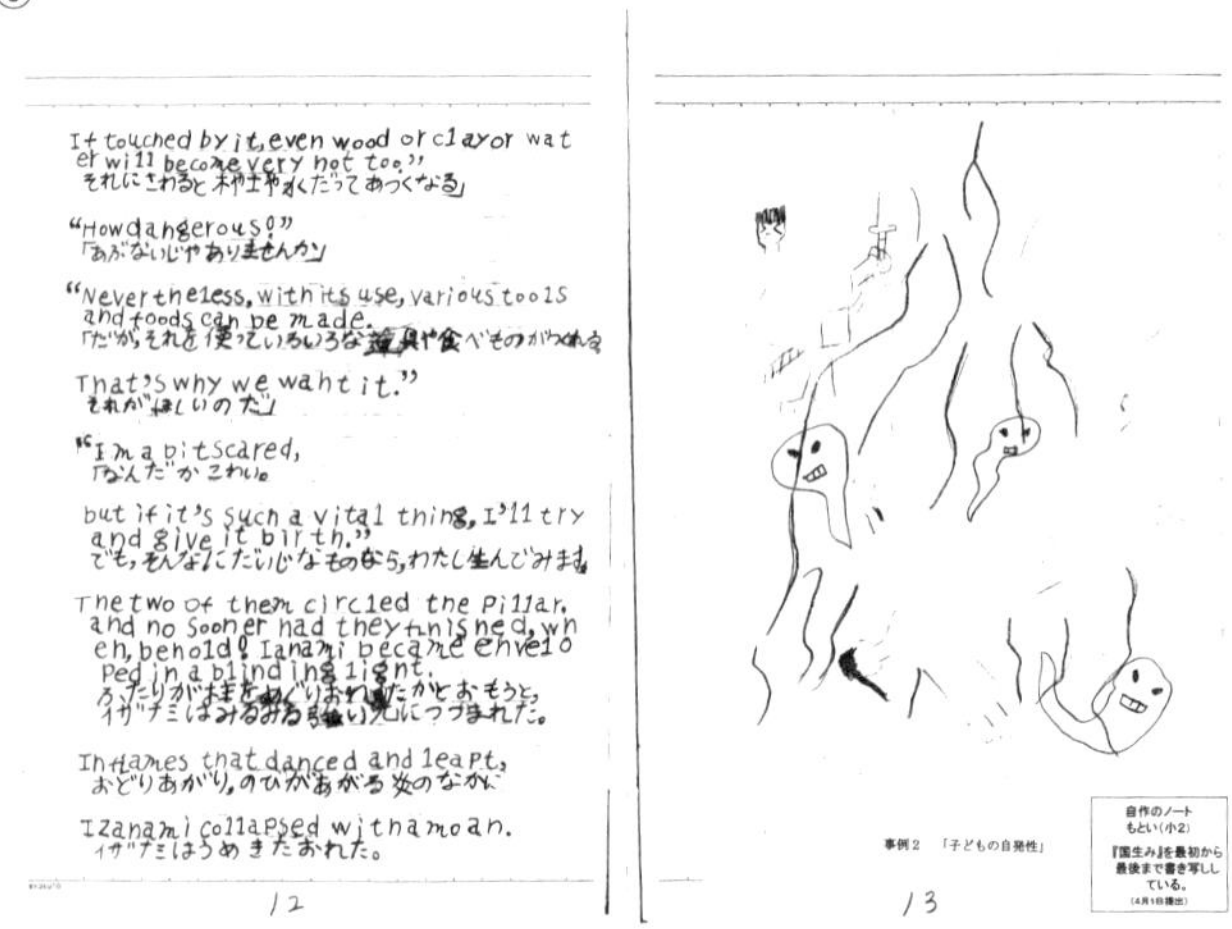

If touched by it, even wood or clay or wat
er will become very hot too."
それにさわると木や土や水くだってあつくなる」
"How dangerous!"
「あぶないじゃありませんか」
"Nevertheless, with its use, various tools
and foods can be made.
「だが、それを使っていろいろな道具や食べものがつくれる
That's why we want it."
それがほしいのだ」
"I'm a bit scared,
「なんだかこわい。
but if it's such a vital thing, I'll try
and give it birth."
でも、そんなにだいじなものなら、わたし生んでみます。
The two of them circled the pillar.
and no sooner had they finished, wh
en, behold! Ianami became envelo
ped in a blinding light.
イザナミはみるみる強い光につつまれた。
In flames that danced and leapt,
おどりあがり、のびあがる炎のなかに
Izanami collapsed with a moan.
イザナミはうめきたおれた。

三ページにわたって、音声から感じたイメージを文字にしています。どうしてそれがわかったかというと、絵本には漢字がたくさんあります。ところが、これには漢字がない。これを見たときに、お母さまに「どんなときにゆうきちゃんはこれを書いてた？」と聞いたんです。そうすると「ライブラリーをかけずに、自分でノートに向かっていた」と。ということは、ゆうきの頭の中でお話が流れているのです。そのお話を文字として表現し、また絵として表わしたのがこのノートなんだと思います。お話が好きだから、頭の中であふれていることばを書いた、というものだと思います。

事例④

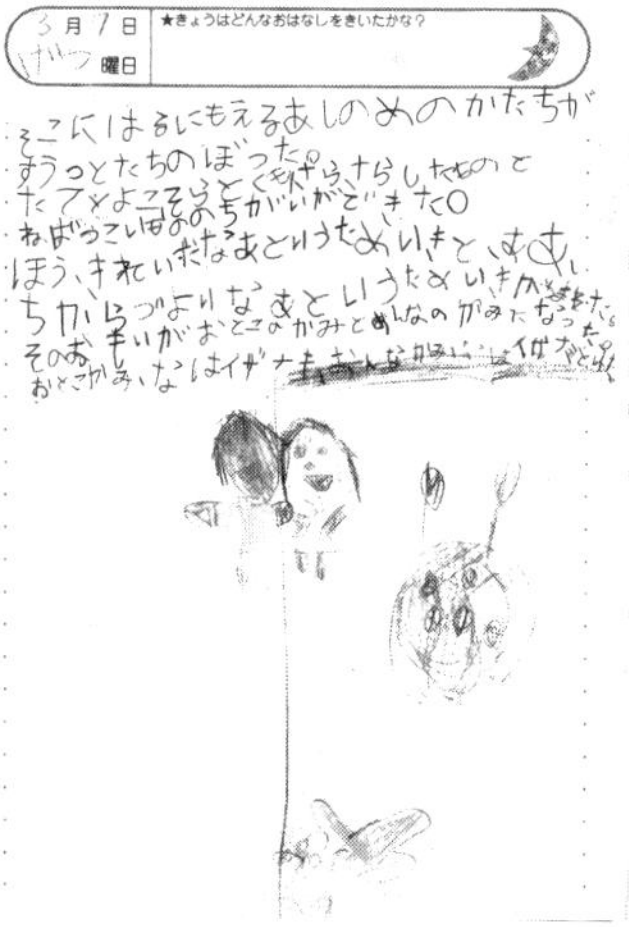

自分で考え、話しあい、イメージをつくりあげる子どもたち

さて、フォーラムでテーマ活動を発表するというお話をいただいたときに、子どもたちとなにを発表するか相談しました。なにかを発表するというときには、必ず子どもたちがお話を選びます。このときも、五つのお話を候補に挙げました。その後、子どもたちは英語と日本語で語られる物語のCDをかけながら、身体で表現してみます。五つやりたいお話があれば五つ動いてから、みんなで話しあってひとつのお話に決めます。このときも五つの物語を動いてから『国生み』に決めました。動く前はほとんどの子が他のお話を推していたんですけれども、動いたあとはみんなが「やっぱり『国生み』がいい」といいました。どうしてかというと、すごく不思議な謎がいっぱいあって、どんどんイメージが深まってくるおもしろさがある、というふうにいっていました。たったひとり「おれはいやだ」といっていたのが、さきほどの発表でイザナキ役をした中学生、せいやです。せいやは、なぜいやかというと、「こんな理屈に合わないお話は、ぼくは受け入れられない」と。（会場笑い）

次はせいやとのやりとりです。

（「がらんどうがあった」を聞いて）

「がらんどうってなに？」（せいや）

「がらんどうって、なんにもないことよ」（テューター）

「でも、まんなかはあったんでしょう？　おかしいじゃん！」（せいや）

と、そういう感じだったんですね。でも、他の仲間の『国生み』への熱意におされて、『国生み』に取りくみはじめました。

この「がらんどうがあった」に始まる、日本語の類まれな美しさ、それから、英語のすばらしい響き、心に残る響き、それから絵と音楽もすばらしい。物語としても、自分たちがなにもので、どこから来てどこに行くのか、そういう、人間として生まれたならば本来もっている問いかけに、遠い祖先が答えてくれるお話。しかも、文学作品としてもとても上質なもので、壮大なお話であること、それがやっぱり子どもたちにもわかったんだなあと思いました。テューターとしては、ぜひ出会ってほしいお話のひとつだったので、とてもうれしく思ったのを覚えています。

さて、『国生み』のイメージを、取りくみはじめの頃からずっと話しあい、共有してきましたが、その一部を――とっても恥ずかしいんですけど、映像でご覧ください。これがふだんの子どもたちの活動です。

二月三日ですね。取りくみ始めてから一か月くらいでしょうか。「醜女（しこめ）」という、さきほどの発表でご覧いただきましたが、イザナキを追いかけている、醜い女たちのイメージを話しています（写真①）。

小学校二年のしょうたが、醜女役の女の子たちに意見をしています。たけのこを食べるときに、もっと変な、醜い食べ方をすべきだ、

写真①

といっているんですね。そしたら、ゆきの（小五）が「上から食べたほうがいいよ、下から食べるとたけのこが折れちゃうから。」と、しょうたに反論しています。が、しょうたは、（醜女だから、）変なところから食べたほうがいいよ」――と、たけのこが折れるところを表現したりしています。だからゆきのも、最初は「おかしいじゃん」といって、上から食べるべきだといってたんですけど、「ああ、そうか」と変わるんですね。

ステーキをまんなかから食べるのと同じ――とか、とうもろこしを芯から食べる（感じ）とか、いろいろいっています。（子どもらしい発想に思わず頬がゆるんだことでした。）

あと、このグループではイザナキとイザナミの話をしているんですけれど、身体で表現したあとで、「ちょっと質問です」とあおい（小四）がいってます。

「なんで腕を組んでいるのですか？」と憤懣やるかたないので、わざとていねいに詰問しています。

その場面で、イザナキ役のけんた（小五）が腕組みしているのが、とっても腑に落ちないんですね。かな（小四）の表情を見てください。もういらいらしてるんですね。そのかっこう（腕組み)をされると「いらつく」っていうんです。

けんたは「力強いイザナキを表わしたい」と一生懸命反論しています(写真②)。

「男っぽい」けんた(小五)

「いらいらする」かな(小四)

っていってるんですよね(会場笑い)。物語に「イザナキとイザナミは、たったいまひらいたふたつの花のようにふるえ、肩をよせあっていた。」とあるので、「生まれたてなのに、なんで腕を組んでるの? 生まれたての神さまが腕を組んでいるのはおかしい」、ということをかなとあおいはいっています。そのときにイ

写真②

ザナミをやっていた、かなとあおいはイザナキのけんたが、腕を組んで立たれると、「花のようにふるえ、イザナキと肩をよせあう」イザナミがやりにくい、と猛抗議をしているわけなんです。

ここでこの映像のなかで、私がいっている「ふたりでひとつっていってたじゃん」というのは、私が誘導したわけではなくて、以前の子どもたちの話しあいのなかで、「なんでふるえたの?」というかなの問いかけに、子どもたちから「こわいから」、「生まれたばかりだから」ってい うことばがでたので、私が子どもたちのことばを思い出させているんです。かなたちは、そういうイメージをだいじにしようと思って動いていたのに、いきなり力強いイザナキが出てくるので「なんなんだ!?」と思ってしまい、抗議をしているんですね。

そのときの子どもたちのやりとりを、ちょっと再現してみます。

「なんでふるえたの?」(かな・小四)
「こわいから」(まりこ・小一)

「生まれたばかりだから」(しょうた・小二)
「肩をよせあっているのはなぜ?」(テューター)
「ふたりしかいないから」(かな・小四)
「ふたりでひとつ」(ゆきの・小五)
「はんぶんはんぶん」(かな・小四)

ここの場面はですね、当初、中学生以上のグループで『国生み』の取りくみを始めたときに、大学生が「イザナキとイザナミが生まれるところはとってもたいせつにしたい、表現にもこだわりたい」といっていたこと、「最後にイザナキは〝生〟、イザナミは〝死〟を司る感じをだして表現したい」といっていたこと、それから私自身がテューターとして、生も死も合わせてひとつの世界――そういう世界観のようなものを、この『国生み』ではだいじにしたいと思っていたことが、期せずして重なったところです。この日の夜、中学生以上のグループで、「じつはね、かなちゃんや、ゆきのちゃんが、イザナキとイザナミって、ふたりでひとつとか、はんぶんはんぶん、っていってたよ」と伝えたら、「ええっ、それ私と同じじゃん」とか「へえ、すごいことというなあ」という歓声がわきあがりました。

さて、『国生み』の発表に向けて、子どもたちは、「がらんどう」とか、「まんなか」とか、「地下の国」など、いろんなことばのイメージについて話しあってきましたが、ここでは、みんながとてもこだわった「ため息」についての話しあいを取りあげたいと思います。

一月十四日、小学生グループです。

「イザナキ、イザナミはなにから生まれたの？」（テューター）
「ため息ー」（子どもたち）
（という、判で押したような答え）
「ＣＤと同じようにいってみて」（テューター）
「ほう、きれいだなあ。ああ、力強いなあ」（子どもたち）
（みんなみごとにＣＤのように気持ちを表わした。テューターは心のなかでにんまり）
「『ピーター・パン』のフックのため息と同じかな？」（テューター）
「こっちのほうが自然っぽい」（子どもたち）
「フックは「あきれたー」、で『国生み』は「すごいなあー」って感じ」（まみこ・小五）

（いいぞ）
「美しさがひとつ増える」（まみこ・小四）
（詩人かな？）
「フックは最後が下がる。『国生み』は最後が上がる」（もとい・小二）
（これはかなもいっていました）

みなさんもおわかりだと思うんですけれども、フックというのは（『ピーター・パン』の）ジェームス・フックのことで、「おや、ため息ときなすった。」というセリフがあるのですが、「そのときのため息は、「ああ」と最後が下がる。だけど、「ほう、きれいだなあ。」とか「ああ、力強いなあ。」というのは、最後が上がるため息だ」と、もといがいっているんですね。そして、

「これは幸せがくるため息」だと。（子どもってなんてすてきな表現をするんでしょう！）

——この頃の子どもってすごくため息をつくんですね。パーティに来るなり「はあ、疲れた」（会場笑い）っていうので、私は「幸せひとつ逃げちゃうよ」ってよくいうんです。子どもた

ちは「あ、（幸せ）ひとつ逃げちゃった！」ともよくいってます。

これは別のグループのやりとりです。

「ため息って、だれのため息かなあ？」（テューター）
「イザナミが「力強いなあ」、イザナキが「きれいだなあ」」（はな・小一）
「まだ生まれてないよ」（まりこ・小一）
「ん〜、そのイザナキとイザナミの元なんだよ」（はな・小一）
「はなちゃんがため息について、「きれいだなあ」とイザナキの元のなにかがついたといってるけど、どう思う？」（テューター）
「天の声がいってるとおれは思う」（けんた・小五）

この日の夜も、中高大生グループでこの話をしました。小学校一年のはなが、この「力強いなあ」というのはイザナミが、「きれいだなあ」はイザナキがいっている、といい、それに対し「でもまだ生まれてないよ」とまりこがいったときに、はなが「その元がいったんだよ」というふうにいった、と伝えると、また、中高大生グループのなかで感心する声があがりました。

そのように、ため息については、全員がすごく興味をもったので、幼児から大学生までの合同パーティのときに、ため息についての話しあいをしました。幼児から大学生まで一堂に会して、それを異年齢の小さなグループに分けて話しあいました。ため息について……やっぱり子どもですね。子どもならではのことばのやりとりが満載で私はちょっとうれしくなったことを思い出しました（事例⑤）。

「きれいだなあ」のため息は、色でいえば白か、淡い色。それから温度でいえば、ぬるい。これはたぶん「あたたかい」という意味だと思

事例⑤

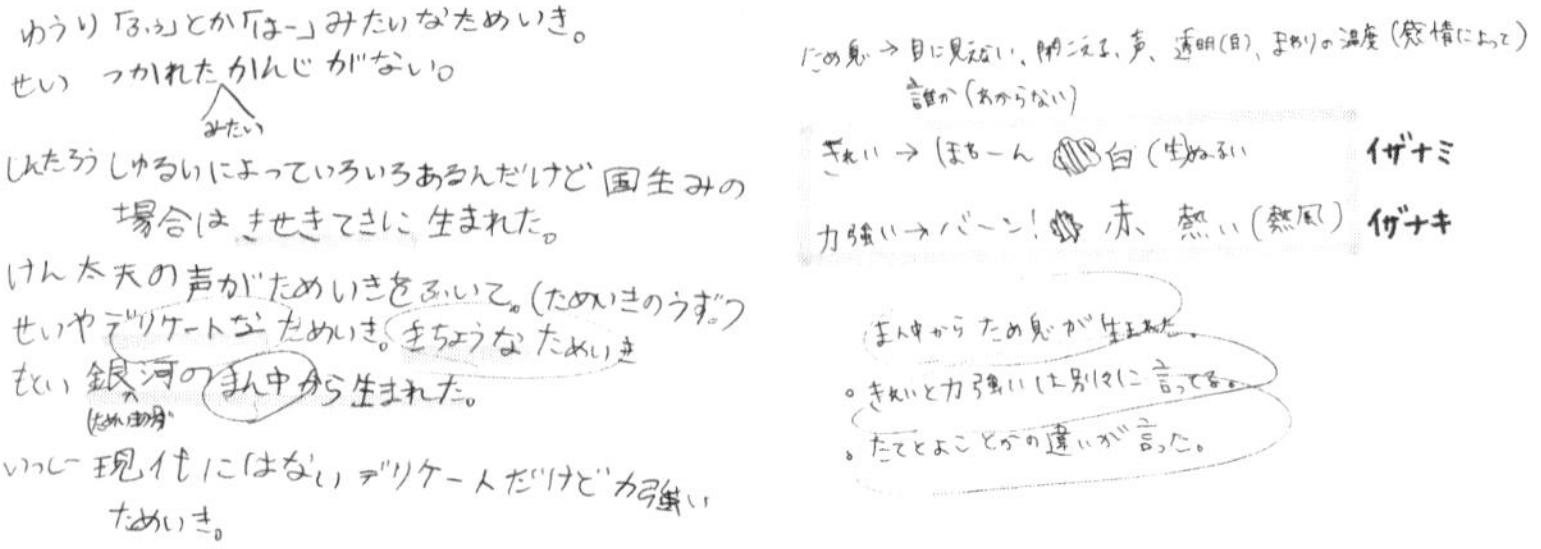
ゆうり「ふぅ」とか「はー」みたいなためいき。
せいい つかれたかんじがない。（みたい）
しんたろう しゅるいによっていろいろあるんだけど国生みの場合はきせきてきに生まれた。
けん太夫の声がためいきをふいて。（ためいきのうず。）
せいや デリケートなためいき。きちょうなためいき
もとい 銀河のまん中から生まれた。
いっし 現代にはないデリケートだけど力強いためいき。

ため息 → 目に見えない、聞こえる、声、透明(目)、まわりの温度（感情によって）
誰か（わからない）
きれい → ほわーん 白（生）ぬるい イザナミ
力強い → バーン！ 赤、熱い（熱風） イザナキ
まん中からため息が生まれた。
。きれいと力強いは別々に言ってる。
。たてとよことかの違いが言った。

いますけれども。それから、音でいえば「ほわーん」としている。〝力強い〟ため息は、「ばあーん」と出てきて、色でいえば赤。熱風のような熱さがある、ということです。いろんなため息のイメージができました。

たとえば、貴重なため息、デリケートなため息、奇跡的に生まれたなど…。それから、これはもといのノートですけれども、ため息についてのイメージを自分で書いて、わざわざ私のところに持ってきました（事例⑥）。

これは、息が流れる感じを表わした、ということです。まんなかを挟んで、ことばの方向を表わしている。音は響いているんだ、ということです。線の違いがありまして、おとなから見るとあんまり変わらないんですけど、

事例⑥

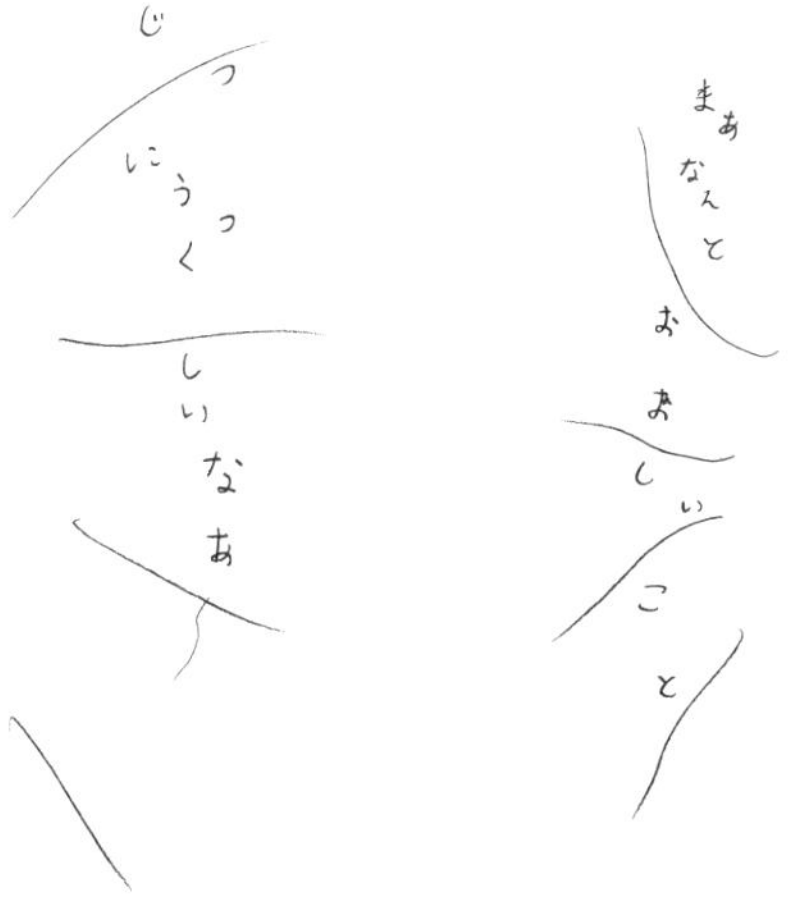

この「じつにうつくしいなあ。」というのは、どちらかといえば力強い線で描いたと。そして、「まあ、なんと雄々しいこと。」というのは、美しい、やわらかい線で描いた、と、もといはいっていました。女神のいっていることばはやわらかい線を描き、男神のいっていることばは力強く線を太くしているんですね。

ここまでのところは子どもたちがことばから受けるイメージの共有と表現の話をしてきました。続いて、登場人物が実際に話すことばについて、少しだけお話ししたいと思います。登場人物の気持ちに近づき、物語をより深く理解するための試みについてです。

ラボでは、耳から物語を聴いて感じたことを表現したり、耳から聞こえた通りに発語をする活動をしています。私自身ことばは本来、最初は耳から、というふうに思っています。そして、じつはイザナキのせいやですが、もう発表まで三週間ぐらいのとき、全部セリフはいえているのに、「なんだか伝わらない」と、小学生たちはもちろん中高大生も感じていました。

「なんで無表情なの？」とか、「なんだかぼうっとしてる」とか、正面切ってはいわないいんですけれども、イザナキに対する不満がテューターの耳に入ってきます。だけどイザナキのせいや本人は「自分のやるべきことはやった」という感じだったんですね。自分はセリフを全部いえてる！　それなのになぜ、テューターや仲間に「伝わらない」といわれるのかわからず、とても不満だったようです。お互いの不満が渦巻き、内部分裂を起こさんばかりでした。しかし、何度もテューターや仲間と話しあい、ぶつかりあい、また、ひとりで何度も何度も物語のCDを聴き、イザナミ役の子とも向きあいながら、仲間といっしょになって活動するうちに、CDの奥に流れている豊かな感情がわかり、徐々にですが、それを表現できるようになりました。

いっぽう、イザナミのみほも苦労していました。「ノートに書いてみたら？」というテューターのひとことを受けて、ノートを作り、自分なりに音の強弱や高低、テンポなどを書き込んでいました（事例⑦）。そして、テューターや仲間と、なぜこのことばは大きくゆっくりいっているのか、考え、話しあい、少しずつイザナミになってきたようです。ふたりともまだ中学生なので、夫婦の感情や機微、愛憎などわかるはずもなく、そういうこととはほど遠い中学生の日常なのでたいへんだったと思いますが、今日の発表を見て、何か月か前、花びらのようにふるえ、ひっそりとしていたふたりが、みごと成長して、それぞれ大きな〝神〟となり、生と死を司る宣言を立派にする姿をみて、それがふたりの成長と重なり、私は感無量です。

この発表でさらに大きな役割を果たしたのが、自らことばでの表現を選ばなかった（登場人物役やナレイション以外の）他のメンバーの一人ひとりです。「ことばの表現も一種の身体表現」という考えがありますが、その逆もまたほんとうで、「身体表現もことばの表現である」と私は思っています。彼らも物語世界を深く感じるため、何度も何度もＣＤに耳を傾け、心に響いたことを仲間とわかちあい、お話のなかでたいせつにしたいもの、こだわりたいものを発見し、イメージを共有してきたのです。発表することは、自分たちの思いを伝えること。どんなテーマで、なにを伝えるのか。みんなで考え、話しあい、ことばや身体で表現する活動を積み重ねて、今日の発表になりました。まさに一般的にいわれていることば、すなわちセリフやナレイションをもたない彼らも、物語を身体表現することで、物語に流れるすべてのことばと固く強く、結びついているのです。

今回の活動のなかで子どもたちは『国生み』

事例⑦

事例３ イザナミ役のみほ（中２）
「CDの音声に近づきたい」
＝「イザナミの気持ちに近づきたい」

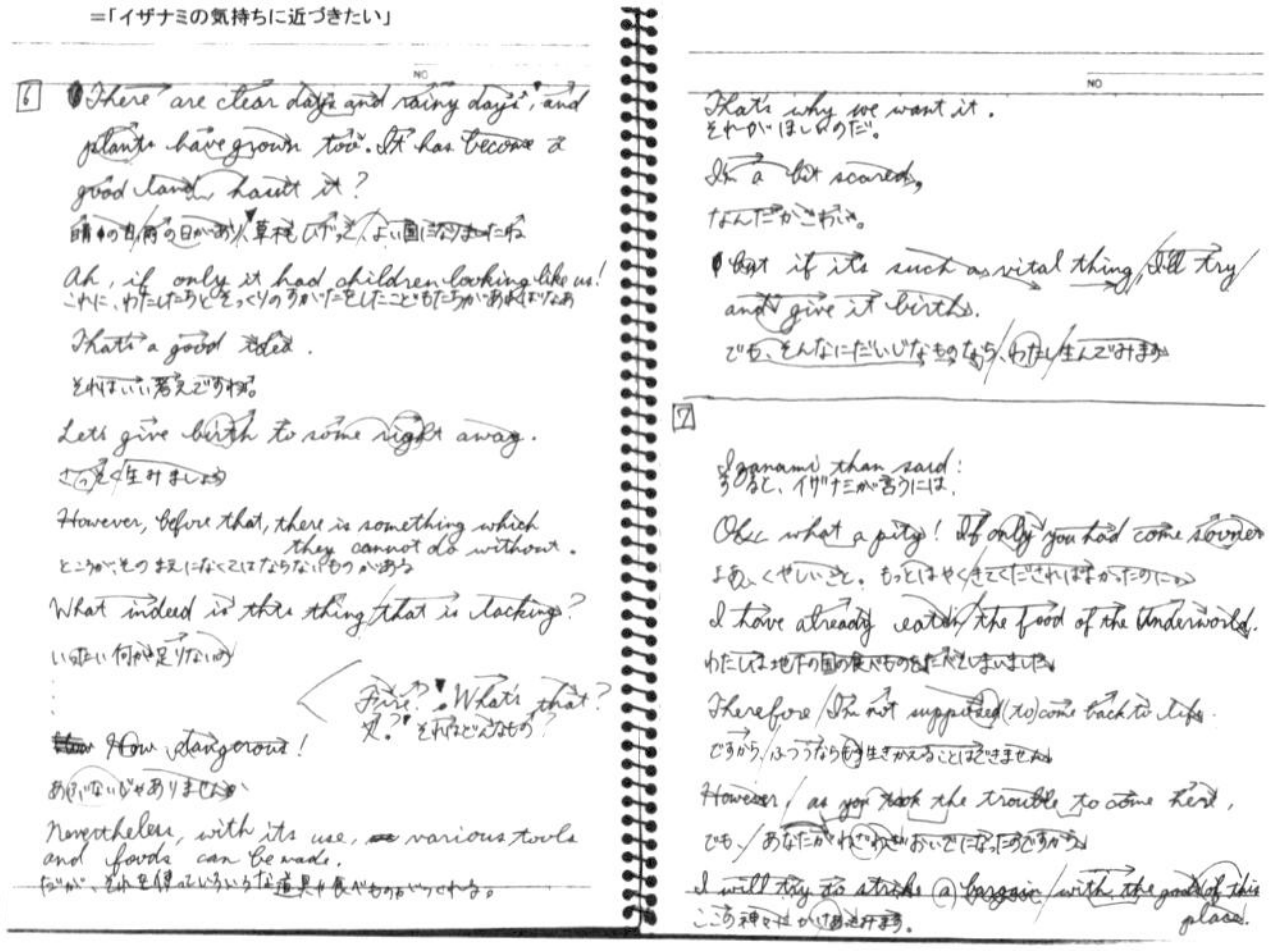

と出会い、たくさんのことばと出会い、話しあいを重ねるなかで、他者と出会い、新しい自分と出会ったと思います。それは、テューターの私も同じです。この活動が、この体験が、子どもたち一人ひとりのこれからの糧となることを願ってやみません。お聴きいただきありがとうございました。

※文中の子どもの名は仮名です。

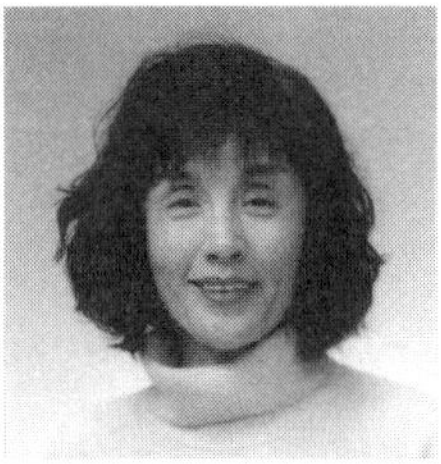

熊井とも子

ラボ・テューター。財団法人ラボ国際交流センター普通会員。神奈川県横浜市で1979年より民間の教育団体ラボ・パーティを主宰。幼児から大学生年代の子どもたち、青少年を30年以上にわたり指導。

「協同的な学び」で英語の学びの質を変える

東京大学大学院
佐藤　学

学びとは「出会いと対話」、聴きあう関係から出発する

こんにちは。ラボ国際交流センター四十周年、ラボ・パーティ発足四十五周年、おめでとうございます。みなさんと一緒にお祝いしたいと思います。

私がラボ・パーティ、ラボ国際交流と関わりをもたせていただいたのは、三十周年のとき、長野県黒姫でお話をさせていただきました。それに引き続いてまた今日、このような機会をいただいたことを、とても光栄に思っています。

今日お話しするのは、ラボ・パーティで行なわれていることと、私自身が「協同的な学び」で追求してきたことは、かなりの部分で重なるのではないかという思いがあります。そのことをベースにお話ししたいと思います。

さきほど子どもたちが発表をした『国生み』の物語を作られた谷川雁さんのことばに、一九六〇年前後ですが「認識の発生過程はひとりの人格のなかにも常に複数の系をもつ」ということばがあります。ハッ、と思います。私がずっと考えていたことが、ことばとして結晶されているという思いと、今日のテーマである英語を学ぶというのはどういうことなのかを考

えるひとつのヒントのような感じがするからです。

さきほどのテーマ活動ですが、テキストからテーマ活動、身体表現というふうに子どもたちの表現を見て、さきほどの報告もお聞きし、やっと謎が解けたような思いがしています。いつもテーマ活動を見ながら不思議に思うことがありました。「これは劇の表現ではないぞ、劇表現と違うぞ」ということです。演劇ではないですよね。

ぼくが十年前——ちょうどラボの三十五周年前後のころ、夢中になっていたのは如月小春[※1]さんと一緒に、演劇を教育に導入することでした。如月小春さんはいつもいっていました。「演劇というのはコミュニケイションの表現なんだ」と。なるほどと思ったんですね。

それでは、このラボの表現は、コミュニケイションの表現なのか。いや、それとも少し違う。演劇表現でないことは、衣装をつけませんし……ドラマを表現しているのでもない。さきほど見ていて一番感じたのは、「ことばの表現なんだ」ということです。深い意味でのことばの身体表現なんだなと考えたんです。

それから、谷川雁との関係で見ていきますと、「社会全体がひとつの大きな学校となり、教育が血縁関係との野合をやめていけば、学校は当然に学校でない、学校以上のより広い範疇に止揚されていくだろう」。「子どもの革命性を信じるならば、……せめて複数の親たちという範疇に立ってみたらどうか。未来と接続する教育の観点からするなら、単数の親はなくなるべきである。そのとき、教師はまさに親の一部であり、常に新しい親たちでなければならない」。社会全体が親となり、社会全体が学校となる、そういう大きな展望のなかに、現在の教育も位置づけてみる必要があることを私も思います。

ご存知のように、私は「学びの共同体」という学校のビジョンを提示し、学校改革の哲学としてまいりました。「学びの共同体としての学校」とは何か。私が与えているのは非常に単純な定義です。子どもたちが学びあう場所として学校を見るだけではなく、教師たちもまた専門家としてひとり残らず学びあう場として学校を作り替えましょう。さらにいえば、保護者や地域の市民がそこに参加し、連帯し、協力しあって学びあう。文字通りの学びあいの共同体としての学校のビジョンはつくれないだろうかということです。

公立学校の公共的ミッションは、いい教育を行なうということよりも——学力を上げるかではなくて、ひとり残らず子どもの学ぶ権利を保障することと、ひとり残らず子どもたちに質の高い学びの可能性を与えること。そのためには、学校がひとり残らずの教師たちにとって教育の専門家として育つ場所にならないといけないですね。

このように口でいうのは簡単ですが、私の学校改革は、当初はことごとく失敗したわけです。三十年間に二〇〇〇〇校以上の学校を訪問し教師たちの改革に協力してきたのですが、最初の一〇〇〇校ぐらいは全部失敗した。学校改革というのはそんな生易しいものではないということを痛切に知らされたわけです。学校を変えるというのは、多元高次連立方程式を解くようなもの。しかも、学校によってそれぞれ係数が違ってくるんです。

こういう複雑な問題状況のなかで、どうすればいいのか。そのなかで考えましたことをかいつまんで申し上げますと、三つの哲学とビジョンをもつ必要がある。学校の改革ではよく、お金が足りない、人が足りない、それから時間がないということがいわれます。しかし、一番足りないものはビジョンです。ビジョンのないところにどんなにお金やエネルギーを注いでも無駄に流れていきます。そのビジョンとして提示しているのが、「学びの共同体」としての学校像です。

その基礎をなすのが――今日も佐々木毅先生に来ていただいておりますが――佐々木先生たちが提唱されている公共哲学ですね。開かれることです。私は、どんなにすばらしい仕事をされていても、一年間に一度も同僚に教室を開かない教師を、公立学校の教師として認めません。なぜなら、その教師はどんなにいい仕事をされていても、教室を私物化していますし、学校を私物化していますし、子どもたちを私物化している、というしかない。学校という場所は、子どもと、教師と、親とが手を携えて、子どもたち一人ひとりの学ぶ権利を保障し、発達を保障していく開かれた場所だと思います。その意味で、まず公共哲学が成り立たなくてはいけない。

それから民主主義の哲学ですね。ここでいっている民主主義は政治的手続きではありません。デューイは、民主主義の定義について"a way of associated living"ということばで表現している。すばらしいことばです。ぼくなりにいうと、多様な人々と共に生きること。そういう哲学がなければいけない。

それから、卓越性の哲学が求められます。学びと教えるという仕事は、絶えず現実を越えていこうとする挑戦です。いつも最良のものを求めようとする。この挑戦がなければ、学びも教育も成り立たないですね。いつも、最良のものを求め、最高のものを追求して挑戦していく。ですから私は、「学びは背伸びとジャンプである」といいます。

学びの概念を歴史的に概括すると、学びというのはふたつの歴史的伝統をもっています。ひとつは修養の伝統です。自分の内面を豊かにすること、充実させることですね。それからもうひとつは、対話の伝統です。古今東西問わず、いわば哲学が始まって以来、学ぶという哲学は、このふたつの伝統をもってきたということです。ただし、近世と近代で学びの目的は大きく違っていまして、近代以前の学びは「悟りと救済」がテーマですね。近代以降は「進歩と発達」です。われわれはこのふたつの両方を引き取って、現在、学ぶということを自分たちの哲学にしているのだろうと思います。

そのなかで、学びを「出会いと対話」と考えてみますと、私は「学びの三位一体論」といっているのですが、対象世界と出会い対話すること、これは「世界づくり」、それから他者との対話、「仲間づくり」、そして自己との対話、「自分づくり」の三つの対話で学びは成立しています。学びというのは絶えず誰かと学んでいます。ひとりで学ぶのは「けいこ」です。「学ぶ」と「けいこ」は違うといっているんです(会場笑い)。

古い「學」の字がありますね。「メ」がふたつありますね。「メ」は「交わる」という意味です。上の「メ」は祖先の霊と交わるという意味です。祖先の霊というのは、学問であり、芸術であり、文化や歴史の遺産です。下の「メ」は、横の交わりを意味していて仲間との交わりです。その両側にあるのは教師の手の形です。学習者のふたつの交わりをケアし、引き上げているんです。すばらしい字の形ですよね。二十一世紀の学びはあの漢字にしなさいといっているようです。まんなかに「子ども」がいますから。現代の「学」は、上の部分が三つ、チョン、チョン、チョンと一切交わってないので学びが成立しないんです(会場笑い)。

学びというのは、絶えず新しい世界と出会い対話し、新しい他者と出会い対話し、新しい自分と出会い対話する。そういう無限級数的な対話的実践ですね。終わりのないプロセス、と私は定義しています。さきほどの実践報告のなかのビデオを見るとおもしろい。ひとつのことばが生まれるのに、あれぐらいけんかしなきゃいけない（会場笑い）。ぼくらはひとつのことを生み出すために、あれくらい心を砕いて、けんかしあわなきゃいけないんです。それが学ぶということの意味だと思う。さきほどのビデオを見ながらそう思ったのですが、そういう関わりが成立する前提として、対話的コミュニケイションが成立していなければなりません。モノローグであってはだめなんです。

しかし、考えてみてください。学校という場所ぐらいモノローグが支配している場所はない。校長のことばはモノローグです。職員室の教師たちの発言もモノローグでしょ。教室の子どもたちも「はい、はい、はい、はい」と発言していますが、誰も聞いてなくてモノローグになっています。ですから、「教育は対話だ」なんてきれいなことばをいうのだけれど、教育の場所、学校現場ほど、モノローグが支配している場所はない。これをどうやって対話に変えていくのかと。そこで一番たいせつなのは、聴きあう関係だと思います。

聴きあう関係から学びあう関係へ

学びの共同体としての学校を推進してきたアメリカの校長のデボラ・マイヤーさんという方がいます。――今月、岩波書店から『学校を変える力』（北田佳子訳）という本が出ていますから、ぜひ読んでください。そのデボラ・マイヤーの学校を私は二十年来訪問して学んできました。デボラ・マイヤーさんが、いつもいうんです。"Most people think about teaching as telling. No !! Teaching is mostly listening." ほんとうにそうだと思います。教えるという仕事の大半は、聴くほうに向かっている。さきほど「優れたテューター」ということばはあまり使わないほうがいいと（会場笑い）いわれましたが、しかし、優れた教師は、子どものつぶやき、ことばにならない声を絶えず聴いている教師です。この聴きあう関係が子どもたちのなかに育ち、教師との関係につくられたときにはじめて対話が生まれます。この対話的コミュニケイションが学びあう関係をつくるわけです。

ですから私は自分の教育学を Listening Pedagogy といっています。聴くことからスタートする。教育は引き受けることからスタートするんです。子どもを引き受ける、社会を引き受ける、現実を引き受けるところからスタートする。

古代ギリシアの言語では、能動態と受動態が一緒の態があったんです。これを中動相といいます。ここでいっている「聴く」というのは、その中動相に近くて、受動的能動ですね。引き受けるかたちで受動的に声を聴く。そのことによって自らが能動的になる。民主主義が成立する基盤には、この受動的能動としての聴く行為があると思うんです。デューイが一九二〇年代に『公衆とその問題』というすばらしい本を書いていますが、その最後で、「目は批評を準備する」のに対して「耳は参加を準備する」といって、民主主義において目に対する耳の優位性を主張しています。民主主義の基盤には聴くという行為がなければならない。すばらしいことばだと思いますね。

したがって学びは「まねび」であり、「まねび」というのは、ヴィゴツキーのことばでいうと「内化」(internalization)といいます。「うつす」わけですが、しかしファクスやコピー機械のようにうつすわけではありません。気になって、ヴィゴツキーのロシア語の原義を調べたら、英語の internalization というよりは interiorization です。インテリア(interior ＝内装)なんです。模倣だけど、自分を形づくっていく。これを「なぞり」と「かたどり」とぼくはいっています。なぞりながら自分をかたどり、かたどりながらまた世界をなぞっていく、「なぞり」と

「かたどり」のプロセスが、学びのプロセスといってよいでしょう。

　これが協同的学びの図です（写真①）。たとえば、左下の写真についてお話ししますと、二週間前に撮ったある小学校の写真です。小学校三年生の国語の授業ですが、この真ん中の男の子はこれまで一度も教科書を読めませんでした。この授業のテキストは『モチモチの木』だったんだけど、突然自分ひとりで読みだした。そうするとみんな「えっ!?」って驚いて、「聞くから、次読んで」「次読んで」って聞き手に回ったんです。感動的シーンでした。この男の子はとてもうれしそうに読んでいるでしょ。

　さきほど聴きあう関係といったのですが、

写真①

教えあう関係と学びあう関係は決定的に違うわけです。ぼくは、学びあう関係は「ねえ、ここどうするの?」という問いかけから始まるといっているんです。わからない子どもが「ねえ、ここどうするの?」と訊くところから学びあいが始まる。教えあう関係というのはお節介なんです。学びあう関係は、わからない子が「ここ、わからないの」と発するところから出発する。

ところが非常に皮肉なパラドックスがあります。できない子ども、わからない子どもほど、自分ひとりでやろうとします。「まねび」ができないんです。依存できないんです。依存できないから自立できない。「ねえ、ここどうするの?」から始まる関係をどうつくるか。そこから出発すると、しっとりとしたやわらかい関係になるんです。

学びあう教室というのは静かな空間です。明るく元気な学校は一番だめな学校です(会場笑い)。危険きわまりない学校です。誰も子どもたちは明るく元気な学校なんか求めてないんです。子どもたちは安心して学べる学校を求めています。細やかさと慎み深さが生きてる学校ですね。

だいたいぼくに来てほしいという学校は、すごい学校なんです。真冬なのに一枚もガラスがない学校とか(会場笑い)。だいたいそういう学校です。高校ですと、五〇%近くの生徒たちがやめている学校です。

なかなか楽しいです。公開研究会などを開くと、全国の教師たちが参観者として行くでしょう？　先月行った学校は、子どもたちが校門のところにたむろしていて、参観者の人に開口一番「おっちゃん、どこから来たんや」（会場笑い）。「東京から」と答えると「どついたろかおまえ」（会場笑い）です。でも知っておいてください。ある地域にとっては社交辞令です（会場笑い）。文法が違うだけです（また笑い）。その子たちが、教室に入ったとき、ひとり残らずこの写真（写真②）にあるようにひたむきに学びあっている。これが感動的です。高校ですと、四〇％、五〇％のドロップアウトした生徒たちも、ほとんどひとり残らず

写真②

卒業するようになります。

　こういう経験でぼくが学んだことは、子どもたちにとって学びは希望だということです。子どもにとっては人権の中心です。おとなはこれを支えなきゃいけない。おとなや教師だけでそれができるか？　できません。ぼくもできると思っていたからみんな失敗した。子ども同士が支えていくんです。この力がすごいです。

　そのためには、さきほどいった聴きあう環境をつくること、そしてもうひとつ重要なことがあります。高いレベルに挑戦させることです。「この子たちは学力が低いから」と、やさしい課題でやっていたら失敗します。

　かつて文科省が高校の中退者を調査したんです。最大の学校への不満はなんだったと思いますか？　「授業が易しすぎる」です（会場から「ええっ…」という戸惑いの声）。「授業がむずかしくてついていけなかったからやめた」という生徒はほとんどいないんです。ここに子どもと教師の食い違いがあります。

　彼らは取り戻したいんです。挑戦したいんです。その生徒たちが「ここ（この学校では）は無理だ」と思うと、つぶれていきます。もちろん一人ひとりは弱いです。教師だって弱い。そのもろさを支えあう学校になれるかどうか。これがポイントです。

そのためには、教師が協同で学びあい――教師たちが協同的な学びを組織するのはたいへんな力が要りますから、絶えず研修していかなきゃいけない。授業の事例研究です。ビデオで記録をとって細かく学びあいます。

この「学びの共同体」づくりの学校改革を続けて、十五年になります。全国に拠点校が三〇〇校生まれました。ぼくは毎年一〇〇校ぐらい回っているのですけど、手が追いつかないので、こういう学校づくりを行なった校長の経験者が五十名で手分けして、全国の学校を回って支えています。その結果、三〇〇〇校の学校が挑戦しています。公立学校の一割です。これ以上増やす気はないです。これだけ根をはっていけば確実にすべての学校が変わっていきます。そして最近は、アジア諸国にも日本以上の勢いで拡大しています。これはまた機会があれば報告しましょう。

二十一世紀の学校は「協同的な学び」

二十一世紀の学校というのは、協同的な学びを基盤とする学校です。このことにぼくが気づくのは少し遅かったです。八〇年代から、二七か国五〇〇校ほどの海外の学校を訪問してきました。教室の写真は何千枚とあります。それらの写真を整理していて、十五年ぐらい前にはっと気がついたんです。

黒板で教科書を中心にして一斉授業をやる国は、今残っているのは日本と北朝鮮ぐらいになっています。(会場が少しざわつく) もちろん、ぼくもうすうすは気づいていましたが。この教室の「静かな革命」は、四〇年ほど前のカナダから始まりました。それからアメリカにも広がり、ヨーロッパへと広がりました。

こちらの写真を見てください。カナダで三〇年前に撮影した教室です。小学校一、二年生は**写真③**のように円座を組むんです。全体の協同的学びとペア学習です。世界共通ですが、小グループの学びは小学校三年生以上で導入されます。中学校、高校も男女混合四人グループの学びあいで授業が行なわれています。ラテンアメリカであろうと、ヨーロッパであろうと、同じ風景の教室になっているんです。だからびっくりしたんです。世界共通というのがおもしろいじゃないですか。ぼくはこれを「静かな革命」といっています。誰がいいだしたわけでもない。しかし、学校というのはひとつの文化のシステムですし、歴史や社会との関係と切り離せない。二十一世紀の学校はひとつのスタイルを静かな革命として生み出しているんですね。

写真④はフランスです。パリ郊外の小学校です。フランスの授業形態は、ヨーロッパの国々でもっとも伝統的な古い形が残っている。ですから、フランスは三年に一回は見に回ります。フランスを見ておけば、ヨーロッパ全体はもっと進んでいますから、全体の想像がつきます。この写真でどこが「古い」かわかりますか？　そうです。黒板を使って授業をしているところです。そのフランスにおいても協同学習が中心になっているんです。プロジェクト中心のカリキュラムで、学びの様式は協同学習中心です。

写真⑤はフィンランドです。フィンランドの小学校は、ほとんどの学校が複式学級[※2]です。今までは、教育の常識としては、同一の能力とか、同一の年齢とかのほうが効率が上がると考えられていた。しかし、現在、アメリカ、ヨーロッパで優れた小学校の場合は、複式学級が積極的に取り入れられている。これは量より質が問われる時代にきたことを示しています。学びの質のほうが効率性よりも重要になってきているんです。それから、**写真⑥**はアメリカです。

このような動きはアジアにも広がっていまして、アジア諸国の場合は二〇〇一年から国家政策として教室の改革が進行している。アメリカ・ヨーロッパの場合は自然発生的。日本もそうですが、アジア諸国の場合は国の命令によってやっているんです。これが成功するかど

写真③

写真④

写真⑤

うかはわかりません。わかっていることは、中国、韓国――台湾はまだですが――香港、シンガポール、ベトナム、インドネシア、みなそうなのですが、一斉授業をやめて協同学習を行政の政策でやらせています。

写真⑦がインドネシア、写真⑧は韓国です。それから、写真⑨が上海、写真⑩は――この前、黒龍江省ハルビンに行ってきたんですが、まあびっくりしました。こんなふうに協同的な学びなんですね。すでに机も四人がけになってます。

ちなみに、ぼくの今出版している本が、最大に売れてるのは中国なんですよ。ハルビンと黒龍江省でぼくの本を読んでない人たちはいないそうなんで。それぐらい、協同的な学び、それから学校の改革、授業の学びの質の改革というのが進んでいます。

このようにですね、形が変化すればいいかというとそんなことは全然ないので、アジアの改革というのはもう少し慎重に見る必要があります。たとえば、協同的な学びをやっても、目的が学力向上だけになっちゃっている。テストの点で成功を見ているという、まだまだいびつな形が広がってますが、しかしいえることは、少なくとも従来の教室の場とか、教える様式、それから学びの様式は確実に変わってきているんですね。その方向性を見ておく必要があるということです。

写真⑥

写真⑦

写真⑧

写真⑨

写真⑩

言語は道具や技能ではなく、文化経験そのもの

英語教育は、すべての教科のなかでもっとも問題の大きい教科だと思います。他の数学や科学と比較して、もっとも質が悪く、もっとも問題が大きい教科が英語と思っていて、憂慮している教科です。

なぜそうなっているのか。根本的に言語＝道具・技能説があるからだと思います。英語教育において言語は道具であり、ツールであると考えられ、スキルを訓練すれば、つまり動物の訓練をするように、トレーニングと反復練習をすれば英語は使えるようになるという考えが支配している。これはまったく間違っています。

言語は人にとって、道具や技能ではなく、文化の経験そのものです。英語の学びは、日本語の学びと同様、同じ言語の教育として、ことばの教育として扱われるべきだと思います。もう少し踏み込んだいい方をしますと、私は、国語と英語は「言語」という同じ教科にすべきだと思っています。英語で国語を教え、国語でまた英語を教えていくというように、ことばの教育全体のなかに位置づけるべきだと考えています。

私も今、講演の半分は英語、論文の三分の一は英語の世界で仕事しています。そういうなかで思うのですが、「佐藤学」と"Manabu Sato"はまったく別人格です。教室で見ていて、英語を話すときに子どもが非常に恥ずかしがりますよね。パニックになったりするでしょう。あれがよくわかります。つまり、英語を学ぶというのは、もうひとりの私をつくることだと思うんです。もうひとりの自分をつくる活動として英語が見えてくると、おもしろくなってくる。子どもたちにもいっているんです。「英語を学んで変身願望を実現してみないか?」と。「もうひとりの自分、憧れの自分をつくってみようよ。そういうチャレンジをやってみようよ」と。そのように英語と親しんでいくほうが、自然な学び方のような気がするんです。

協同的な学びによる授業の改革に取り組んで、一番むずかしいのは英語の授業改革です。英語の授業改革は、どの先生も苦労します。理由はわかっています。教科書に内容がないんです。ぼくは小学生や中学生のとき、いつも思っていました。"This is a pen."「見れば、わかるだろ」と。"I am a boy."にいたっては、「ぼくはオカマか」と。そういう英語が教科書にある。つまり、ことばではないんです、あれは記号です。記号を訓練してもことばは育ちません。人も育ちません。

ことばは身体の実感と結びついています。英語をまがりなりにも使う仕事を始めて、一番苦労したのが“You are welcome.”です。実感を伴っていえないんです。だから“Thank you.”と褒められると、「いやいやいやいや」って(会場笑い)手をふってしまう。これじゃだめですよね。なぜいえないかというと、身体のことばになっていないからです。“You are welcome.”というのは未だにいえないんです。身体がついていかないんです。

でもあるとき、“My pleasure.”というのを覚えた。これがうれしくなってね(会場笑い)。「あ、そうだ、“My pleasure.”でいこう!」と。だけど、“My pleasure.”だけでは、ふさわしくないときもある。こっちが骨を折ったのに“My pleasure.”じゃ、おかしいですね(さらに笑い)。困っちゃった。そういうときは、“No sweat.”というのがある。sweatというのは汗ですね。“No sweat.”これも覚えちゃった。「やった!」と思いました。

そういうふうに、ことばの世界を豊かにしていく、コミュニケイションを繊細にしていく喜びがあります。しかし、テキストに内容がないと、それができません。だから、英語の協同的な学びは、ただ形だけの協力だけになっている。人が育っていってない、ことばが育っていかないんです。

この問題の解決の鍵のひとつはauthenticityだと思います。ことばの真正性、「本物の英語」を使うということです。たとえば、さきほどの『国生み』のことばで、“There was void.”「がらんどうがあった。」となっている。「がらんどうがあった。」というのは少しぼくには違和感がある。「がらんどうだった。」ではないでしょうか。「がらんどうがあった。」というと、There was a void. に聞こえるんです。あれは、全部ががらんどうだったという意味でしょう？　こういうことを議論するといいと思うんです。これが authentic なことばを身につける、ひとつの筋道です。

高いジャンプを設定し、学びあえる喜びを

近年の教育学は、互恵的な学び（reciprocal learning）の意義について注目しています。互恵的な学びのひとつのようすを紹介しましょう。これは数学の授業のあるワンシーンです（写真⑪）。むずかしい問題なので、こちらの男の子が斜め向かいにいる男の子に訊いているんです。隣のこの女の子の顔の険しいこと（会場笑い）。「わからない！」っていう表情ですね。こちらの写真はその二秒後です（写真⑫）。「あ、わかった」という、ふたりの歓びの表情がすてきでしょう。なぜこれが互恵性かというと、わかった喜びだけじゃないんです。学びあえる

写真⑪

写真⑫

喜びがここで交換されています。友情が交換されています。生徒たちがこうなってくると、どんなむずかしい課題でもどの生徒も夢中になって学びます。

かつてある中学校の一年生の英語の授業を見たとき、すばらしい出来事に出あいました。ひとりの男の子がいました。その子は緘黙の子でした。小学校からひとことも学校で話したことはありません。その男の子、良夫くんはいつも隣の男の子に援助されて授業に参加しています。ひとりの女の子、和子ちゃんは、クラスで一番英語ができない、なんにもできないんです。良夫くんは、四人グループになるときに、いつも援助してくれている男の子と引き離されてしまった。もうかわいそうなぐらい不安な顔をして、グループに加わりました。その隣が英語がまったくわからない和子ちゃんでした。

良夫くんは緘黙ですが頭のいい子で、英語は全部できます。その良夫くんを和子ちゃんはいっしょうけんめい世話をして支えようとするんです。和子ちゃんのあまりの誠実さに、良夫くんはうれしくなって笑顔になってきます。だって、和子ちゃんは英語がまったくわからないから I are とかいうんだから。I が am とか he が is とか、まったくわかってないんです。それでも、必死に良夫くんを支えようと英語で話している。涙が出るぐらいおもしろい光景です。和子ちゃんは英語がわからないから隣の女の子に何度も訊きます。そして表を書きだしたんです。"I am""you are""they are"と、人称とbe動詞の関係の一覧表をノートにつくるんです。そして、あっという間に全部覚えました。それがあんまりにもうれしかったので、声を出して英語で話しだしたんです。奇跡のようなことが、このふたりのなかで起こりました。そして、このふたりは、授業の最後に前に出て発表しました。このふたりは、一挙に壁を越えました。

こういう姿を見たとき、学びあいはすごい可能性をもっていると感じます。一人ひとりにジャンプを生み出します。しかもこの良夫くんと和子ちゃんの学びあいは、お互いが脆さでつながり、その脆さを支えあっているところがすばらしい。脆いところでつながったことによって、お互いの壁を越えたのです。

子どもたちは、学びあいによって新しい可能性を開きます。その学びあいにおいては、課題は高ければ高いほどいい。その高さが親密な学びあいとジャンプを生み出します。ジャンプを設定しあって学びあうことが、英語の学びを豊かにし、ことばの学びを豊かにするひとつの解決の鍵であることを結語にして、私の報告を終わりたいと思います。

註

※1　如月小春（1956—2000）

昭和後期・平成時代の劇作家、演出家。東京女子大学在学中の昭和51年東大演劇サークルと合同で劇団綺畸《きき》を結成、「ロミオとフリージアのある食卓」などを作・演出した。58年劇団NOISEを設立。音楽・映像など他分野とのコラボレイションによる、従来の演劇の枠にとらわれないパフォーマンスが行なわれた。著作に「都市民族の芝居小屋」（筑摩書房、1987）。

※2　複式学級

学年ごとにクラスを編成するのでなく、複数学年で1クラスにする学級編制のこと。過疎地などで学校規模が小さい場合に多く行なわれる。

佐藤　学

東京大学大学院教育学研究科教授。教育学博士。東京教育大学教育学部教育学科卒業。日本学術会議会員。ナショナル教育アカデミー会員（アメリカ）。2010年より財団法人ラボ国際交流センター理事に就任。著書に『教師というアポリア』（世識書房）、『学び・その死と再生』（太郎次郎社）、『学校の挑戦—学びの共同体を創る』（小学館）、『教師花伝書』（小学館）など多数。

第三章

パネルディスカッション「学びあいが育むことばの力」

英語、物語、異年齢の仲間との学び

◎英語を学ぶ意味

木原　みなさん、こんにちは。パネルディスカッションの司会を務めます、ラボセンター事務局の木原竜平と申します。よろしくお願いいいたします。

それではさっそく、今日の登壇者のみなさまと、パネルディスカッションを始めたいと思います。会場のみなさまからたくさんのご質問をいただいております。それを受けて、まさに対話的学びの時間になれば、と思っております。

まず、何人かのご質問にもありましたけれども、「日常生活で英語を話す必要のない日本人にとって、英語を学ぶ意味はなんでしょうか。また、その環境として必要なもの、たいせつにしたい条件というのはなんでしょうか。」学ぶ者の年齢によっても違うと思いますが、それをふまえてお答えいただけたらと思います。すでに先生方の講演のなかで、大津先生からは「母語を相対化する」、あるいは佐藤先生から「英語を学ぶのはもうひとりの自分をつくること」というお話がありました。それぞれ、そのあたりを少しふくらませてお答えいただけたらと思います。では大津先生から、よろしいでしょうか。

大津　日本人にとって英語を学ぶ目的、ということでよろしいですか。目的は、さきほど木原さんがおっしゃったように、「母語を相対化するため」と考えています。母語と同質だけれど、個性が違う英語（外国語）に触れることによって、身近な母語が相対化される、ということです。したがって、英語を使えるようになる、ということは、英語学習の目的の少なくとも第一義ではないと考えています。質問の後半部はなんでしたっけ？

木原　その環境として、たいせつにしたい条件です。

大津　母語を相対化するために英語を学ぶときにたいせつにしたい条件ですね。それは、英語――外国語なら、英語でなくてもいいのですが――その学習に先立って、母語についての気づきを、小さいときからたいせつに育てておくことが条件ということになります。まわりからなんの働きかけもしなくても、「ことばへの気づき」はそれなりに育っていくものではあるんですが、まわりからの働きかけがあればそれに越したことはない。その意味で、家庭や学校における、「ことばへの気づき」を育てるための支援はとても重要だと思います。

小学校の段階の教育について考えるときにとくに重要なのはそこで、母語を使って育成された、「ことばへの気づき」の育成という基盤がないままに、外国語に触れても、あまり意味がない。もうちょっといってしまえば、まったく意味がないと思います。

木原　母語ということでは、内田先生も「母語の土台をしっかり築く」といってくださっています。内田先生から、さきほどの講演のなかで、幼稚園児で十二種類もおけいこごとに通っている子がいるというお話がありました。ラボの活動は、いわゆるおけいこごとはちょっと違うものだと思いますが、ラボの活動について思われることをお聞かせください。

内田　ラボの教室を見せていただいて感じるのが、共同体的な学びというか、交流が非常にできているという点です。テューターの方が、やはり聴く——これも「十四の心を込めて耳をすます」ほうの「聴く」ですけれども——よく子どものことば、心の声を聴きとっておられる姿があるのですね。今日の熊井テューターのご提案もまさにそうだったかと思うのですけれども。とくに、子どものことばにとても敏感である点がすばらしいと思いました。ラボ・パーティでは、子どもたちとテューター、そして、子ども同士が、互いを尊重して、見てくれる、聴いてくれる、その関係のなかで関わりあい、いっしょに話したい仲間というのがつくられているように感じました。このような学びの環境によって、おそらく自然に——英語、日本語なんていうことではなく「ことば」というものが身体に刻まれるようにして入っていって、やがてメタ認知の働きで、ことばを対象化して捉えることができるのではないでしょうか。まさにことばというもの、母語というものを相対化して知るきっかけになるのではないかと感じました。とてもすばらしい取りくみだと思いました。

やはりおとなになってからは、佐藤先生のように英語を使って、英語で勝負しているような世界の人というのは、日々、それを磨くためのことはやらなければいけないのだろうと思います。けれども、英語を仕事で使う必要のない一般の日本人は、人とつながりあう、あるいはその文化を知る目的で、ことばを学んでいくことで十分ではないかと思います。目標とどういう状況にあるかによって、英語を学習することの意味や学習の仕方・道筋もちがってくるのだろうと思います。

木原　ありがとうございます。佐藤先生は「英語リテラシー教育の可能性」というテーマで以前に他のシンポジウムでお話しされたこともあるのですが、さきほどの「もうひとりの自分をつくる」というところを、もう少し補足し、広げてお話しいただけたらと思います。

佐藤　ふたつのお話をしたいんですが。ひとつは、日本人がなぜ英語を学ぶ必要があるのかという問題です。日本の文化を考えた場合、長い間、漢文の素養が支えていたんですね。その漢文の素養が切れるのは中江兆民が最後だと思うんです。大正教養主義というのは、じつは漢文の素養が切れたところから、逆に教養主義が生まれたのですが、この教養主義というのはやはり根をはらなかったと思うんです。たとえば、ぼくの祖母は、九十六歳で亡くなったんですが、幕末の頃の生まれで洋学の医者の娘だったので男勝りに育てられまして、四書五経は六歳になるまでに暗記させられたそうです。そういう素養は死ぬまで消えませんでした。しかし、ぼくの父親、母親の世代になると、そういう漢学の素養はもうまったくないです。漢学の素養を失って以来の日本の文化を考えたときに、漢学に代わるものが何か必要だと思うんですね。たとえば、現代の文章の達人といわれる人として、大庭みな子さんとか、古井由吉さんとか、丸谷才一さんとか、いろいろな作家をあげることができますが、これらの方々に共通しているのは、外国語に堪能な人々だということです。つまり、これからの日本語は、外国語とセットでないと力をもたないと思うんです。英語を学ぶことの第一の意義は、日本語を教養として支えるためには、何らかの外国語の学びを必要としていることです。

今は実用としての英語にばかり重点がいっていますが、英語で仕事ができるようになるためには、大学までの学校教育だけでやろうというのはむちゃくちゃな話で、そんなことは不可能です。外国語をなめてはいけない。英語で何か仕事をしている人は、どっかで死に物狂いで学んでいるのですね。その準備さえあればいい、というのがぼくの考えです。しかしその扱い方がたいせつだと思うんですね。ことばとして、教養として育ってなければいけないと思うんです。

それからもうひとつ、「もうひとりの自分をつくる」ということについては、私事になるのですが、ぼくの父親は戦前の英文科の大学院レベルまで行った人なのです。しかし、一生英語を使いませんでした（会場笑い）。銀行に勤めたのです。しかし、一回だけ使っています。ぼくが一歳のとき病気になって、もう死ぬ間際のとき、広島県で働いていたのですが、東京まで来て米軍キャンプで英語で交渉し抗生物質を手に入れて、ぼくの命を救ってくれました。一生のうちに使ったのはその一回だけです。英文科を出たことも恥ずかしくて人にはいってなかったです。そのくせ、寝言でいつもキーツの詩を暗唱する（会場笑い）、すごいな！　といつも思っていました。七二歳でなくなったのですが、それまでずっと寝言で英語の詩や文学を暗唱するのですから。だけど昼間に訊くと全然いえないんですね。そういう父親でしたが、書棚にはいつもノーマン・メイラーの小説がありました。戦時下に敵国のことばを学ぶことで精神の自由を保っていたのだということがわかりました。「もうひとりの自分」を生きていたのだと。だから、父は英語を学んで役立たなかったなんてひとこともいわなかったですよ。「もうひとりの自分」というものをぼくもたいせつにしたいし、英語を学ぶひとつの証を、お互いにつくりあげたらいいなというふうに思います。

木原　ありがとうございます。もうひとりの自分をつくる、精神の自由のためにも、外国語を学ぶということはだいじだという話がでましたが、熊井さんはラボ・テューターとして、どのようにお考えでしょうか。

熊井　はい。私、佐藤先生のお話を聴いて……今回、古事記の『国生み』に取りくむにあたって、たくさんの古事記やその関連の本を読んでみたのですが、そのなかのひとつに大庭みな子さんの文章があったのです。そこで、大庭みな子さんがとても古事記が好き、ということを私は知って。その文章にもすごく心を動かされました。その大庭みな子さんは外国に長くいらしたと思うんですけれど、英語がとても堪能。そういう方が『国生み』をとても好きというところに、私は非常に惹かれたのです。それが、今ここでつながって。

佐藤　あ、なるほど。

熊井　佐藤先生がおっしゃったことがすごくうれしいなって。今、これは思わずうれしくてでてきたことばなんですけれど(笑)。

さきほどの、英語を学ぶ意味とか目的ってことでいえば、私は子どもたちに、まず世界には古今東西を問わず、いろんな国の人類の知的財産ともいえる神話や昔話、名作童話、文学があり、脈々と受け継がれている、そのような本物に触れる機会を与えたいと思っています。今回の『国生み』の取りくみも同様の思いからです。――その結果、世界にはいろんな国があるのだと知ってほしい。自分たちが住んでいる日本はもちろんだいじなんだけど、自分の国だけじゃなくて、世界にはいっぱいいろんな国があり、いろんな人たちがいて、内容は同じようなことをしゃべるんだけど、いろんな表現のしかたがあるのだと感じてほしい。そして自分はもっと広いところにも飛び出していけるのだ、という思いをもってもらいたいと願っています。だからたとえば、ラボのライブラリーにも――ラボ・テューターだからそういう話になってしまって申し訳ないんですけど――『わんぱく大将トム・ソーヤ』とか、『ピーター・パン』、『西遊記』、ギリシア神話、シェイクスピアなど、今でも読み継がれているすばらしいお話があり、そのなかには、必ずその国固有の文化とか宗教とか習慣とか精神性が息づいている、作品の底に流れている。あくまでも物語の楽しみに触れる、そのなかで知的好奇心が自然にはぐくまれ興味をもつ。それはことばかもしれないし、文化かもしれない。なんでもいいと思いますが。そして、それらは、それぞれ日本と違うのだけれど、そのよさも認めるような、そういう人間になってほしいな、と思っています。

最終的に、「英語を学ぶ」というよりは、なんでしょう、他の外国のことばも含めた、違う何かに興味をもてば、その国のことばを知りたいと思うし、その国の人たちと交流したいとも思う。そういう人間を育てていきたいなと。

　だから、さきほど佐藤学先生のお父さまがね、ほんとうに英語が必要なときに、わが息子を救うために、英語を学んだことが結果として生きたというのと、根本的には同じだと思うのです。あと、精神の自由とか世界を広げるという意味でも、さまざまな古典やことばに触れるというところでも、お父さまのお話と重なるところがあるような気がしています。とにかくお友だちになりたいな、と思った相手がアフリカの人だったら、そのアフリカのことばでもいい、と思っているので。だから、そうなったときに、すごくがんばれる子どもをつくりたいな、って。なんとしてでもコミュニケイションをとりたいと思えるような、ラボではその太い大きな根っこを育てているのかな、というふうな気がしています。

◎人間にとって物語とは

木原　ありがとうございます。今の熊井テューターのお話のなかに「物語」ということばがでてきましたので、話題をそちらのほうにもっていきたいと思います。今回、東日本大震災で大きな被害があった地域のラボ・テューターが、ラボの事務局に送ってくださったメールに――「子どもたちに必要なものは何か、わかったような気がします。被災した子どもたちに必要なのは、物語ではないかと思いました。」というメッセージがありました。
　内田伸子先生の著書のなかでも物語のたいせつさ、子どもにとっても、おとなにとっても、物語がもっている意味ということを書いていらっしゃいますが、今日、そのあたりを少しお話しいただけますでしょうか。

内田　物語の典型というのは――事件がないと語りというのは起こらないわけですけれども、ある事件が起こり、そこに登場する人物たちが力を合わせてその事件を解決していく、そしてめでたしめでたしとなる、ということが多いですよね。
　とくに悲しい体験をした人――これは子どもだけではないんですね。たとえば、自衛隊の方たちが亡くなった方々のご遺体を収容するような作業。これはもう、ほんとうに精神が崩れていきそうな、そういうぎりぎりのところで、みなさんが今、復興に力を尽くしているんですが、そこで何が彼らの気持ちを救っているかっていうと、夜、みんなで円陣になって語る、ということをする。「あれは非常に厳しかった」という厳しい体験を生のままではなく、もうちょっと抽象化されたところで、ひとつのまとまりをもって意味づけるというような活動をするために、語るということは非常にだいじである、ということが、今回、テレビなどでもあったかと思います。

それから、私の親友に遠藤誉という人がいるんですが、長春のはずれの卡子（チャーズ）という強制収容所――八万人の日本人が亡くなってしまった、出口のない収容所に入れられてですね。歴史のなかでもほとんど書かれたことのないような話で……というのは生存者がいなかったから。

彼女はたまたま、お父さまがアヘンの毒性を和らげる薬を発明したために、八路軍に救出されて、戦後まで生き延びることができた人なんですけれども。それがあまりに壮絶な体験だったために、どうしても自分のなかで意識していなかったのです。ところがフラッシュバックのようにそれが襲ってくる。「自分はその状況になると何も見えなくなってしまう、どうしたらいいかしら」「私、発狂しそう」といっていました。

私が一橋大学の助手をしていたころに、彼女は物理学者だったものですから、物理の助手をしていました。彼女がやってきたので、私は「そのフラッシュバックした記憶をそのまま、縮めようとしないで、何が見えるかを書いてみたら」と提案しました。そして全部、内観をメモしていって、そして『卡子』というドキュメンタリーを仕上げたわけです。仕上げたとたんに、彼女は自分のそのフラッシュバックが、じつは八歳のときの収容所にいたときの体験がもとになっていたのだ、ということがわかって、それでその状況から解放されました。『卡子』っていう文春文庫から一九九〇年に出版された本です、ぜひ読んでいただければと思います。
私がなぜ彼女にそういったかというと、『夜と霧』を書いたフランクルという人がいます。強制収容所に収容されていたユダヤ人医師のフランクルが、収容所の体験を自分なりに意味づけるために書き著したのが『夜と霧』なんですね。このようにことばにし、文字にし、ひとつのまとまりのある世界をつくりあげることで、その体験の意味をはっきりと自分ながら確認する。「ことばにして語る、文字にする」というのは、そういう作業ではないか。これは、実存分析という精神療法のひとつの方法なんですね。そのようなことで、書く、語る、というのは非常にだいじだろうと思います。

これは極限の場合ですけれども、今日の『国生み』は、日本が生まれてくるときの昔の人々が語り継いできた、そのひとつのお話ですよね。聖書もそうだと思うんです。どうやって人類が生まれ、世界が生まれたか、ということについての物語だと思うんです。そのなかで、死生観とか、それから生きるというものについて、それを演ずることで、――演劇ではないんですが、身体を通して、身体表現を伴わせながら、ことばの表現をすることによって、そういう世界を、感覚としてもっていく。今日はすばらしい実践を見せていただいたと思います。

木原　ありがとうございます。子どもの心にとっても、おとなにとっても、語る、あるいは文字にして書き表わすということが、生きる支えになっていく、ということがよくわかりました。

◎異年齢の仲間との学び

木原　佐藤先生の、世界の学校で学びのありようが変わりつつある、というお話の最後のほうで「異年齢の編成で学びあう形をとっている」とおっしゃっていましたが、ラボの特徴のひとつに、幼児から小・中学生、ときには高校生・大学生までがいっしょになって、異年齢で活動するということがあるんですけれども、佐藤先生は学校での実践などをご覧になっていて、「異年齢で活動する」ということの意味は、どのようにお考えになられますか。

佐藤　それはもう、ラボの方々のほうがよくご存知でしょう（笑）。学校というのは制約がありますから……。今いえることは、学年制がかなり揺らいできているということだけはいえますね。学年制は二〇世紀の初頭に先進諸国で普及していった。もとのかたちは一九世紀にあったんですが、一九〇一年の統計を見ますと、日本では、ひとつの学校にひとりの先生しかいない学校が半数以上だった。ということは、異年齢だったわけですね。それが大正期に入るとほとんどが学年制に移行してしまうんです。専門的な話をすると、大工場の生産システムが社会システムの基盤になり、学校の組織にも定着したわけです。

ただいえることは、先進国はこの六、七年前からすべてナショナルカリキュラムを二年単位で書いていますね。日本の今回の学習指導要領も、文科省はそういう傾向を真似たと思うんだけど、二年単位で書いていないですね。学年制で書いています。どうやら小学校に関しては、複式学級のほうが学びの質が良くなる、ということはどうも承認されつつある。ただし中学校や高校はそうはなってない。現在、学校のレベルでいうとそこまでしかいえません。

むしろ、今日のラボの実演を見て、年齢を越えて、今日一番小さい子どもは六歳なんですね。その幼い子が大学生と、しかも同じレベルのことばを見よう見まねで話している、ほとんど理想的な外国語学習のかたちですよね。それが成立しているのは、驚異的です。しかもそれが、単にことばを学ぶプロセスのなかに異年齢が入っているだけではなくて、異年齢がひとつのことばで一緒に演じるためには、けんかも起こるし、いろんな葛藤を経たり、ケアしあったり、また自分や相手を立てたり、抑えたりですね。そういうものを全部経験しながら、ひとつのことばが共有され、そこにひとつのコミュニティがつくられていくというのは、ドラマを見るよりもおもしろい、すばらしいことだと思いました。

木原　大津先生は「ことばへの気づき」という視点から、年齢の違う子たちも一緒にやっているというところは、どのようにご覧になりますでしょうか。

大津　ことばはいろいろな側面をもっていますから、一口に「ことばへの気づき」といっても、ことばのもつどの側面に関するものであるのかによって、育ちかたが違うんですね。すごく乱暴ないいかたをすれば、子どもたちは、まず、音韻的な――「音韻」というのがわかりにくかったら、「子音」とか「母音」とかいう、音の世界のことだと思ってください――その世界についての気づきというのが芽生えてきます。その次に、単語の世界に関する気づき、そして、文の世界に関する気づきと進んでいき、文章の世界にまで広がっていく。さらに、ことばの使い方の世界に関する気づきにまで広がっていくのです。

さらには、「気づき」の深さというものもあります。たとえば、谷川俊太郎さんの「かっぱ」という詩があります。あれを読んで聞かせてやると、二歳、三歳の子どもたちは「おもしろい！」といって笑いだすんだけれども、おとなが、「なんでおもしろいの？　どこがおもしろいの？」と訊いても、答えてくれないんですね。それが学齢に近くなってくると、「だって、「かっぱ」がいっぱいいるから」とか、「だって、似たようなことばがたくさんあるから」なんてことをいいだすようになる。小学校に入って文字を習うと「小さな「っ」がいっぱいあるから」とか指摘できるようになる。中学生ぐらいになると、あの詩のおもしろさっていうのは意味の問題じゃないということをきちんといえたりする。「かっぱが、雨合羽を、あ、今の子どもだったら、レインコートかな、を盗んだ」っていっても、それはちっともおもしろくない。「かっぱ、かっぱかっぱらった」というから、おもしろくなるんだ、というようなことをいいだすんですね。

「気づき」の深さ、質というのも、年齢によって異なっているので、そのあたりをうまく見きわめながら、やっていくということがたいせつです。ラボでは異年齢の子どもたちがいっしょに活動しているっていうのは、この点でもとてもいいんですよ。いろいろな深さの「気づき」をいろんなかたちで体験していくことになるんだから。自然なかたちで「ことばへの気づき」が育っていく、とてもいい形態だと思います。

木原　ありがとうございます。内田先生は、異年齢の子どもが一緒にする活動についてどのようにご覧になりますでしょうか。

内田　互恵学習が起こる場になっていると高く評価できます。異年齢構成で学びの場を設定することの優れた点に気づいたのは、旧ソビエトの心理学者ヴィゴツキー（さきほど佐藤先生も言及されましたが）でした。

ヴィゴツキーは「発達の最近接領域（Zone of proximal development）」という概念を提唱しています。「発達の最近接領域」とは、子どもの発達で、「すでに完成した水準」と、いくらおとなが働きかけても先に進めない「不可能な水準」の間を指しています。おとなが援助やヒントを与えると解決できるようになる範囲を「発達の最近接領域」と呼んだのです。おとなが子どもの「発達の最近接領域」に働きかけたときに、子どもが先に進むことができ、伸びの可能性も大きくなるだろうと推測しています。おとなが、子どもの自主的活動だけを問題にしている段階では、子どもの完成した発達水準だけを相手にすることになります。しかし発達の最近接領域を視野に入れると、おとなは、子どもの発達しつつある過程をも考慮して教育的働きかけをコントロールするようになるだろうと推測しています。ヴィゴツキーは「子どもが、今日、おとなに助けてもらってできることは、明日は、自主的にできるようになるであろう。教育者が、個々の子どもの発達の最近接領域を考慮すれば、いま目の前の子どもの成長しつつあるダイナミックな過程をも視野に入れて教育的働きかけを調整することができるようになる」と述べています。

しかしおとなは子どもの発達の最近接領域を見積もり損なうことがあります。さきほど佐藤先生が、「あんまり低いレベルのことをやっても、それでは不登校の子どもが学校に行くようにはならない。むしろ少し挑戦できるようなものを与えてやるべきだ。挑戦しがいのある課題でないと、学ぶ気持ちは起こらないだろう」とお話しされました。このことばにあるように、子どもは挑戦しがいのあることに立ち向かっていきます。しかし、おとなは個々の子どもにとって挑戦したくなるような水準の活動がどの程度なのかを推測し損なうことがありま す。ところが、異年齢集団での学びの場では、いろいろな発達水準の子どもがいますから、互いに刺激しあい、学びあう関係がつくられやすくなり、成長の可能性が拡大すると思われます。この点から、異年齢集団の学びの場が子どもを伸ばす可能性やポテンシャリティが大きいのです。いろいろな子どもがいるからこそ、おとなが見積もり損ねたとしても、他の子どもの活動やことばがヒントになって先に進めるようになるのです。

さきほどの熊井パーティの『国生み』でも六歳から大学生までが入っていますから、発達の個人差も大きく、仲間のだれかがいったことやした活動が、いま成長しつつある過程に刺激となり、葛藤の解決の手掛かりが与えられることになります。こうして、自然に学びあい、互恵学習が起こりやすくなるのです。幼稚園や保育所では、異年齢クラスを設けるところもでてきています。小中高までの学年区分を六・三・三制ではなく、四・四・四制にしてみるとか、ときには一括して、二ぐらいにしてしまって異年齢グループでの学習活動を設定するなど教育改革を進めている学校――たとえば奈良県の奈良学園幼小中高での教育改革――もあります。幼児がいったことばを熊井テューターが中学生に伝えたら、中学生が驚いて「ええ、そんなすごいことをいってるのか、ぼくたちとおんなじだね」って反応したというエピソードをご紹介くださいました。このように異年齢集団の学びの場では、幼い子が年長児から学ぶだけではなく、年長児が、年少児から学ぶこともあると考えられます。以上から、ラボ・パーティの特徴である、異年齢集団での学びが優れているといえましょう。

木原　さきほど、ビデオで普段のパーティのようすを熊井さんから紹介していただきましたけれども、発達の最近接領域――ひとりではなかなかできなくても、異年齢の仲間といっしょにやることで理解していく、あるいはできるようになる。熊井パーティで、この発表に向けて、何かそういう場面というのはございましたでしょうか。

熊井　発達の最近接領域というんですね。あの……異年齢でともに活動することは、ラボのなかでは普通のことです。ですが、子どもを見てますと――むずかしいことはわからないですが、現場にいる者として、とにかく子どもは年上の子と活動するのが好きなんです。私、必ずお母さまたちにはいうんです。異年齢で活動するときには、一番年上の子に合わせたいと。テューターとしては、それが一番いいのだと。で、おちびちゃん――おちびちゃんというと、すごく怒られるんです。今はおちびちゃんがこの場にいないからいうんですけど(笑)。おちびちゃんは、自分ができる、できないにかかわらず、興味は大きい人たちに必ず合わせてくるんです。だから、その場にいる一番レベルの高い人に私は合わせていきますよ、と。

ただ、お母さまたちはそれを見ていて……たとえばぴょんぴょん飛び跳ねたり、何かむずかしいことをやったりすると、〝見よう見まね〟でおちびちゃんはやるんだけど、お母さまたちから見れば、同じことをしていないと。だからもう少し段階を下げたことをしてください、というような状況がよくあります。

ここでテューターとしては踏ん張って、「いや、すごく憧れがあって、こんなふうになりたいなと思うことがだいじで。いつかできるわけだから、今日できなくてもいいじゃない。見て学ぶことがとてもだいじなのよ」というんです。……お答えにはあまりなっていませんね（笑）。すみません。今回の取りくみでも子どもたちの異年齢集団の中で「かっこいいいいな！あんなふうにやりたいなあ～」と自分自身が感じて、見よう見まねで大きい子たちに近づいて行った子どもはたくさんいるし、テューターがそれを見ていて、もうちょっとやればぐーんと伸びるなあと思ったときは、背中を押したという例はいくらもあります。

小学校における外国語活動のあり方を考える

木原　今日、会場には約六〇〇名の方においでいただいております。そのうち一〇〇名ぐらいは学校の先生方です。この四月から小学校では外国語活動が全面的に導入されました。これについて少しお話をうかがいたいと思います。

それぞれのご専門の立場からご意見やご提案がございましたら、お願いしたいと思います。大津先生から、よろしいですか。

大津　たぶん、みなさんご存知だろうとは思うんですが、小学校での英語活動を考えるときに、基礎知識としてちゃんと押さえておかなきゃいけないことがいくつかあります。まず、この四月から公立小学校に導入された「英語活動」、正式には「外国語活動」という名前なんですけれども、これは「教科」ではないということがたいせつです。

たとえば、国語とか、算数とかいうのは教科ですけれども、英語活動というのは、これは教科ではありません。だから、「英語活動」という名前になっているのです。その点で、中学校以降に始まるいわゆる教科としての英語とは質的に違うんだ、ということをはっきりと認識する必要がある。

教科ではないんだけれども、必修なんですね。ちょうど道徳と同じ扱いで、これは文科省用語でいう「領域」という——変な名前なんですけれども——そういう扱いをするということです。

そして、対象学年は五年生・六年生に限定する。ただし、学校によっては特区の指定を受けているところもあって、そういう学校では、さきほどの話とは違い、教科扱いであったり、あるいは小学一年生から学習が始まる、という場合もあります。また、総合的な学習の時間の一環で、国際理解教育として英語活動を組み入れるということもできます。つまり、場合によっては一年生から六年生までずーっと英語活動があるという取りくみ方もあるということです。

関連して、みなさん「英語ノート」というものについてお聞きになったことがあるかと思うんですけれど、文科省が用意した教材です。しかし、英語活動が教科ではありませんから、「英語ノート」は「教科書」ではありません。いってみれば、共通教材のようなものですが、教科書ではありませんから、使う必要はないし、使うということになっても、最初から最後まで使う必要はありません。まあ、建て前としては、そういうことになっています。

そういうことを押さえたうえで、じゃあ、小学校で英語活動をすることに意味があるかとい

う と、私は、あまり意味がないというか、まったく意味がないというか…(笑)。そう思います。

さきほどからくり返しているように、母語を使っての「ことばへの気づき」というものの育成がなされていない状態で、英語に触れても、あまり意味がないのです。せいぜいできることといったら、いくつかの決まり文句を覚えて使ってみたり、歌を歌ったり、踊りを踊ったりする。で、楽しい時間を過ごす。そんなところです。

楽しい時間を過ごせるんだったら、それでいいじゃないかと思う方もいらっしゃるかもしれませんが、ご承知のように、小学校の教育課程というのは、それでなくてもやらなくてはいけないことがたくさんあるんです。さきほど内田先生の話にもでてきましたね。それなのに、あまり意味のない英語活動に貴重な時間を割く。私は今でも首をかしげざるを得ないと思っています。

しかし、まあ、そんなことばっかりいっていても、実際に導入されたんだから、なんとかしなくてはという現実問題もあります。というわけで、英語活動にどう対処したらいいかという話なんですけれども、さっきの佐藤先生のお話の一部分と重なりますけれども、せっかくできた外国語活動という枠を、実質的に「ことば活動」に転換してしまうのがよいと考えています。「外国語活動」ですから、外国語を祭り上げないわけにはいかないんだけれども、外国語は、さきほどの私のいい方を使うと、「引き立て役」、つまり、脇役に回してしまえばいい。主役にはあくまで母語を立てる。そして、「ことば」という意識を育てていく。しかし、そこはくふうであまり見えないようにする。くふうして、目立たないようにしながら、「ことば」というものをたいせつにした授業を展開する。「ことば」は「国語」とは別ですから、国語の時間と重複することもないということもとてもたいせつだと思います。

木原　内田先生、お願いします。

内田　私もまったく大津先生と同意見で、英語活動としては、英語を使って歌と踊りと決まり文句の活動をやっても意味がないというふうに思っています。ですから、せめて、入れなければいけないという事態になったので、そうだとしたら、やはりことばの教育、言語教育をする、というところで。これもまったく大津先生と同じ意見なんですね。

さきほど名前をだした遠藤誉という人なんですが、もうひとつ二〇〇八年に、『中国動漫新人類　日本のアニメと漫画が中国を動かす』という本を日経BPから出版しています。これは今、中国の若者たちが日本のアニメが大好きで、そして北京大学とか清華大学という中国で超一流の大学の大学院生や学部生が動漫研究会というのをつくって、とにかくそこでは自学自習で、日本語の達人が非常にいるわけです。つまり、日本語をなんのために学んだかというと、日本のアニメを見たいから、ということ。それから、日常の番組もコマーシャルつきで、どんどん字幕スーパーをつけて無料でだしている、っていうことで、中国のおとなたちは、反日感情というお仕着せの、トップダウンの指令と、それからボトムアップの民衆の好み、というダブルスタンダードで、今、日本を見ている。それで、日々スイッチの切り替えをしてる、というんです。

そういうふうに、自分が知りたい世界を知るためにどうしてもことばが必要、ということで勉強したときにはじめて、ことばというのは身につくのだろうと思うんですね。ですから、遊びの時間として位置づけるのには、あまりにも今は忙しすぎてもったいない。そういう意味で、やっぱり英語活動というかたちで入れてほしくなかったな、というふうに思います。

でも、それをことばの時間というふうにしていただければ……たとえば古典や、それから方言や、狂言や伝統話芸の落語などの、あの軽妙な語り口、こういったものを探検するような時間。それで、外国語もそのひとつ。英語だけでなくてもいい、マンダリン、あるいは韓国語でもかまわない。まあ韓国語は近すぎますからあまり挑戦のしがいがないんですけれども、構造がうんと違うほうが日本語というものを知るうえでいいのではないかと。

実際、子どもは受胎して一八週目から聴覚神経系のネットワーク化ができますから、音としては日本語を聴いています。そうやって、なんと小学校になるまでに三万時間ぐらい聴いているわけですね。だけど小学校に英語活動を入れて、週に二回くらいやったとしても、これは、学校だけで体験するとなると年間で計四日ぶんにもならない。これだけインプットの量が違うというのはもう絶対なのです。やっぱり英語として学ぶのではなく、ことばの教育の時間というふうに捉えてほしいな、とそんなふうに思っております。

木原　佐藤先生、お願いします。

佐藤　小学校の英語教育の導入は、導入以前から非常に奇異な現象があったと思うんです。つまり、英語で仕事をしている人、英語を学んで何か役立てている人たちは、全員反対だったんです。英語を使えないというコンプレックスを抱える人が「やれ、やれ」とまくしたてた。ここにものすごい大きなよじれがあって。なぜ、少なくとも英語を学んできた人たちがかくも反対しているのか、ということがあると思うんですよね。

ぼくが反対したのは、小学校で英語教育をやって効果がないといってるんではなくて、害がある！（会場笑い）から反対したのです。ほんとうにそう思うんです。たとえば、英語というのはいろいろ学び方はあると思うんだけども、一番近いのは音楽だと思うんです。身体で覚え、ある種の文化のコードを学んでいく。比喩的にいうと音楽の学びに非常に近い。最初に音痴の音ばっかり聴かされたら一生直らないですよね(笑)。そういう弊害の問題も大きいと思うんです。

いつも、成田に行くたびに、幻滅します。Thank you for your cooperation. という放送が流れますね。ぼくは何も協力してないですよ(笑)。あれは日本でしか聞かれない英語だと思います。韓国の仁川(インチョン)空港に行くと、Thank you for your understanding. だから、これにも驚いてしまう。そういう語感とか、英語というものの文化とか、さっきいった、authenticity とか、そういうこととは無関係に「単なるツール」と割り切ってしまえば、それでもいいのかもしれないけれど、それはしかし「ことばの教育」ではないだろう、と思います。

もうひとつ、例を挙げます。今年、ぼくのところの院生で台湾からの留学生がおりまして。修士論文で「台湾の小学校における英語教育」に取りくみました。台湾はご存知のように、多言語社会です。蒋介石が来まして、長い間北京語しか使わせなかった。北京語以外の母語を弾圧しました。二〇〇〇年に民進党に代わって、今度は母国語を重視する教育が始まりました。台湾は一三%の権力層を構成している蒋介石以来の北京語族と、もともと台湾にいたビン南語(大陸ではビン語といいます)、その下に客家語という上下関係がある。その下にさらに多くの言語の少数民族がいるわけです。そういう構造のなかに、英語教育はどう入っているかという調査研究です。この調査結果がとてもおもしろかった。

英語教育の時間数を一番多くとっているのが、少数民族です。母語教育を軽視しているんです。だから母語が消えていく。この現象が一番深刻なのが少数民族で、その次が客家語です。社会的に下層を形成している人々のなかで母語が消えてゆく。客家語のほうも、小学校の英語教育の時間数は少数民族についで多いんです。次がビン南語。一番トップの北京語の人たちの母語は守られている。これを学力で見たらどうかというと、時間数では一番多いのは少数民族なのに、英語の学力はもっとも低い。学力の高いのは圧倒的に北京語の人たちなんです。少数民族になればなるほど、時間数も多いのに、英語の学力は低い。その次に低いのは客家語で、次はビン南語の子どもたちです。

そこで、なぜそういうことが起こるのかということなのですが、コンテンツの問題があります。少数民族は歌って踊っての楽しい英語教育なんです（笑）。大津さん、わかるよねえ。客家語よりもビン南語、ビン南語よりも北京語になればなるほど、教養としての英語教育なんです。

ぼくはこういうところに、今の英語教育のもっている深刻な質における格差といいますか、一種の植民地化が起こっていると思いますね。こういう状況を見ておかないと、今、日本の小学校で楽しい英語教育という傾向が顕著ですが、一番底辺に落とし込められる英語教育の普及のしかたが蔓延している。だから、ますます子どもが「楽しい英語教育」を受けることによって、英語が嫌いになっていく。そういう深刻な状況が生まれている。ここをどう変えていくのかということを本気で考えなければいけない。

理想的なのは、これはお世辞でもなんでもなく、ラボのテキストが、小学校でカリキュラムになることですね。これはほんとうにお世辞でもなんでもないです。authentic な英語であり、そこにテューターがいて、テーマ活動があり、ことばの学びになり、という意味で、そう思っているんです。ラボに関わらせていただいたのも、小学校の英語教育の状況を変えるためには、まずラボの経験から学ばなくてはならないし、ラボの経験に学んで見通しを立てる必要がある。

さらにいうと、アジア諸国のなかで、多くの国が母語を失って英語に乗り移っていく危険性がある。例えば韓国は、母語を失って、英語圏に入る可能性があります。シンガポールがそうなり、マレーシアがそうなっているように。台湾もその危険をもっていると思います。そういうなかにおいて、どういうアジア社会をつくっていくのか。母語と外国語とのかねあいをどう折り合いをつけてゆくのかが問われています。ぼくは日本についても決して楽観していません。

大津　あの、今、せっかく佐藤さんからラボの話がでたんで、ラボのこと、もう少し続けさせてください。ラボは、常に「清く、正しく、美しく」っていう（笑）精神で行きますから、金儲けなんてことはあまり考えない。でも、ラボが開発したいい素材についてはもっと世間の人も知ってほしいと思います。ラボのライブラリーの中にはいっているものの多くは小学校での英語活動にぴったりだと以前から考えています。

佐藤　ぜひ検討してください！

大津　検討ずみなんですよ！　みなさんのお手元にある、ハンドブックの最後のページを開いていただけますか？　その右下のところに、『改訂版　英語の歌と物語のワークショップセット全七巻』一、九七四〇円（笑）ってあるでしょ。これはね、ラボの素材を、小学校の英語活動にうまく組み込むことはできないだろうかな、ってラボの方と、以前、文部省にいらっしゃった和田稔先生が知恵を絞って開発したものなんです。これ、いいですよ。会場の外で売ってる？　あ、ある。売ってるんだそうです。ラボの関係の方はもとより、そうでない方も、ぜひご覧になられてください。

それから、宣伝ばっかりしていると思われてもいけないので、ひとつ付け加えます。これからの学校英語教育をどうすればよいのかという問題ですが、私は中学校、高等学校、それからもうちょっといっちゃえば、大学での英語教育をもっと充実させなきゃだめだと思います。お金もエネルギーもたくさん必要です。でも、公立小学校の数って、およそ二万ちょっともあるんですよ。そこで、意味があるかないかもはっきりしない英語活動を導入するために必要になってくるお金とエネルギーを中学校と高等学校での英語教育の充実のために回すべきだと思います。ちなみに中学校での英語の時間数はちょっとだけ増えましたけれども、時間数だけでなく、教える内容や方法もどんどん充実させていってほしいと思います。

内田　私も中学校以降の英語教育というのをぜひ見直してほしい。コミュニカティブアプローチというのは悪だと思います。やっぱり、文法を全然知らずに大学に入ってくる人たちがいるんですね。文献が読めない。それからもうひとつ、発音ができない。ちゃんと読めないんですよ。音読しなかったの？　暗唱しなかったの？　というんですが、今の大学院生たちが「やってない」っていうんですね。ええっ、って。で、そういうふうに変わっちゃったんだと思うんですが、やっぱりきちんと文法も入れていただいて、あと、精読、多読、速読。もう、辞書を引いても先を読みたくなるような、おもしろいものをどんどん与えれば、自宅学習の習慣も増えるんじゃないかと思うんですよね、学校だけでは間に合わないから。とにかくオーラルなメソッドって、私もう、ナンセンスもいいところだというふうに思っております。これはなんとか先生方に変えていただきたい。

佐藤　英語教育重視といいながら、質の低下が激しいんですね。ぼくの父親が戦前の大学の英文科に行ったと話しましたが、高校までに学ぶ語彙数は一二〇〇〇なんです。すごい数です。その当時大学に行った人間は、語彙数が一二〇〇〇の英語レベルで学んでいたんです。ぼくの世代はどうかというと、八〇〇〇なんですね。もうその段階でガタッと落ちてるんです。現在いくらか知ってます？　三九〇〇です。ぼくの父親の世代の英語教育の語彙数と比較すると三分の一になっているんです。だから英語重視と全然いえないのです。

ほんとうに英語重視というなら、質の高い英語の学びをきちんと保障していかないと問題は解決しません。英語教育はずっと盛んになっているではないかというのはまったくの間違いで、むしろ質の劣化を起こしているのが現実だということを理解しておいてください。

木原　さきほどの『国生み』の英語もまさにそうですけれども、心が動かされて、ほんとうに声にだして語りたくなる、そういった中身のある英語に出会えるということがたいせつだと、今うかがっていて思いました。

教師・指導者にもとめられることはなにか？

木原　それでは、専門性を磨くという意味で、教育者が備えていたほうがいいと考えるものはなんでしょうか。さきほど佐藤先生が「聴く」ということがとてもたいせつとおっしゃっていました。『教師花伝書』のなかでも書かれていらっしゃいますが、佐藤先生お願いしてよろしいですか。

佐藤　教師の能力について語る場合、よくスキルとか、テクニックを身につければ教えることが務まると考えられがちなんですが、実際にはもう少し複雑です。それらのスキルやテクニックを支えるものが必要なんですね。教師の能力の大部分は教養だと思うんです。教科の教養、教育学の教養、心理学の教養を含め、さらに市民的教養。この教科の教養と教職の教養と市民的教養の三つが支えてないと、教師の能力は高まらない。

たとえば、小学校の先生でも、算数を教えられても数学の意味がわからないのでは、まったく学びにならないわけです。数学が楽しくなったり、その意味がわかったというふうにはなりません。そのうえで、協同的な学びを促進するために教師にどういう力が必要なのかということなのですが。

ぼくは教師の教室での仕事を「聴く・つなぐ・戻す」といっています。まず「聴く」というのは、単に「聞く」のではなく、そのことによって対話と学びの場ができるということです。たとえば、教室に同じように立っても、ひとり残らず子どもたちと関係が取れている先生と、まったく取れていない先生がいます。立った位置どりだけで、どの子ともつながれる、そういう先生がいます。これは「ポジショニング」といっているんだけど、きちんときちんと無意識にこの「ポジショニング」ができ、きちんと聴ける、一番遠い子と遠い子をつなげることができる、そういう身体技法が教師には必要です。これはそう簡単には身につきません。ですから、教師の教える技術というのは、多くは一種のアートとも呼ぶべき技法で、何年か修業して先輩の模倣を通して獲得できるスタイルだと思うんですね。そういう技法、これが「聴く」ということの意味ですね。

それから、授業では「つなぐ」ことが必要なんですね。子どもと子どもをつなぐ、子どもと教材をつなぐ。それから今日学んだことと明日学ぶことをつなぐ、ですね。さらに他の教科で学んだこととつないでいくというふうに。あるいは、教室で起きたできごとを社会のできごととつなぐ。絶えず「つなぐ」ことができることが授業と学びには必要ですね。

ところが、ほとんどの教師はつなぐことができません。たとえば、「他に意見は？・」――もう切ってるでしょう（笑）。こういうところに、協同を組織できる教師と、そうでない教師の決定的な差があります。「なんでそう考えたの？・」これは切ってるでしょう？　同じように訊くのなら「どこからそう思ったの？・」と訊けばいい。つながるんです。「テキストのここに書いてある」「さっき誰々さんがなんとかいった」というふうに、すべてがつながってきます。

それから「戻す」についてですが、テキストに戻す、グループに戻す、テーマ活動に戻す、身体の表現に戻す。「戻す」というのは、教師がやらないとできないです。子どもは、できるようになると前へ前へと走りだします。戻せる子どもなんて見たことがない。ですから、走りだした子どもをおとながぐっと戻してやる。ぐっと戻して、ためをつくるからジャンプができるんです、ポーンとね。ですから、キーワードとして「聴く・つなぐ・戻す」を絶えずチェックしていくことが、協同的な学びを orchestrate する技法の要素だと思っています。参考になりますか？　やってみてください。

木原　では、内田先生が大学で教えておられるとき、たいせつにされていることは、どのようなことでしょうか。

内田　私も「聴くこと」というのはいつも挙げているんですけれど、非常に整理しておっしゃってくださいました。

私は、教師はことばの引き出しをたくさんもつ、ということがだいじであると思います。サリバンという人がいます。ヘレン・ケラーを教育した人ですよね。この方がこういうことをおっしゃっています。「私は言語を教えるために言語を使ったのではない。自分の考えを伝えるために、ふんだんに言語を使ったのである。言語は、子どもが、理性と内省に入る扉なのだから」と。そういうつもりだったからこそ、ヘレンがあのようなすばらしい、知的な能力、それから言語能力も——三重苦のヘレンが獲得することができたんだと思っているんですね。やっぱり、ことばを……もちろん「聴く」んですけれども、そのことばに敏感になれるためにも、自分自身にことばの引き出しがたくさんないといけない。

熊井さんの実践も、うかがっていてじつによく子どもたちのことばを、小さい子から大学生まで、ちゃんと拾って紹介してくださいました。ああいう sensitivity をもつためにも、教師の側で、たくさんのことば、豊かなことばの引き出しというのをもっていないといけないんだな、ということを実感いたしました。これが、第一番目です。

それから、教室のなかで子どもたちに何を、どういうふうな力をつけさせたいかということですね。私が考えているのは、ささやかなものにも豊かな意味を汲みとる力、そういう心を育てたいな、と思うんですね。
私の好きな詩人にウィリアム・ブレイクという人がいます。ウィリアム・ブレイクは、こんな詩をつくっています。

一粒の砂にひとつの世界を見る
一輪の野の花にひとつの天国を見る
手のひらに無限を乗せ
ひとときのうちに永遠を感じる

こういうささやかなものにも、豊かな意味を汲みとり、豊かないのちを与えることができる。そういうような人たちを育てたいな、と。そんなふうに思って、心理学の教育をやっております。

木原　大津先生は、どのようなことを意識してらっしゃいますでしょうか。

大津　なんだか、さっきの講演で「優れたテューター」の話で木原さんをからかったことが、まだ恨みを買ってるようですね（笑）。こういう質問に答えるっていうとき、三番目ってのは最悪なんですよ。重要なことは佐藤さんと内田さんにすでにいわれちゃってるから（笑）。教師だけの問題じゃないんですけど、私がいつも学生たちにいうのは、「自分のあたまで考えろ」ということです。だけど、「自分のあたまで考えろ」というのは、いろんな人がよくいうんだけど、わかったような、わからないようなことですよね。というのは、「自分のあたまで考える」というのは、あたまのなかで起こっている過程のことですから、目には見えません。「あたまで考えられるようになる」ことの目標がどういうことなのか、というのは見せてあげられないんですよね。たとえば「一〇〇メートル泳げるようになる」というのとは違いますね。目標がはっきりわからないから、どこまでその目標に近づいたかもわからない。

訓練する側にしても、水泳の場合とは違って手取り足取り教えるというわけにもいきません。だから、訓練するほうにとっても、されるほうにとっても、なかなかむずかしいのです。でもね、方法はあると思います。私がいつも学生たちにいっていることは、《ともかく豊かな好奇心をもて！》ということです。なんにでも関心をもって、観察したり、考えたりする。とくにたいせつなのは「なぜ」っていう疑問です。「なぜ」そうなるのか、他にも可能性はあるだろうに、「なぜ」そうなるのかと考えること、これが重要だっていいます。

それから、他の人がいうこと、書いたことは信じない（笑）。佐藤先生や内田先生のような、えらい先生——とくに、「えらい先生」っていうのが問題なんですがね——そういう先生が書いたり、いったりしてることは、常に眉に唾つけながら聞いたり、読んだりする(笑)。「あの人はあんなこといってる、書いてるけどほんとうだろうか?」と思って、そして、考える。考えた結果、「やっぱりおっしゃるとおりだ」ということになったら、受け入れる。それはそれでいいんです。だけど、必ず自分のあたまでかんが……おっと、「自分のあたまで考える」ということばを使いそうになっちゃいましたけれど、自分のあたまというフィルターにかけてから、受け入れられるんだったら受け入れる。受け入れられないんだったら、どこがどう違うのかと考えて、自分の考えを整理する。

そのためにはいろんな方法がありますけれども、たとえば、外部化して、文章化するなんていうのも非常に重要なことだと思います。さきほどの熊井さんの実践のなかでも、いっぱいノートを書いてましたでしょう? あれはやっぱり、子どもたちが考えていることを外部化させている。外部化させることによって、書いている当人も自分の考えをはっきりさせることができます。それから、書いたことを他の人たちも共有できるというのも、とてもいい点ですね。

木原　ありがとうございます。では、このあとは個別の質問にお答えいただく時間としていきたいと思います。

ことばの教育を考えなおそう

木原　大津先生のところに「素朴言語学とは？」という質問が届いております。いかがでしょうか。

大津　やっぱりラボの関係の人はまじめだなあと感じました。資料の中に「《素朴言語学》から解放されるべきだ」と書いてあったのに、講演の最後をはしょるようなかたちで終わってしまいましたので、なんだかよくわからなかった。そしたら、たくさん「素朴言語学とはなんだ」という質問をいただきました。

すごく簡単にいってしまえば、ことばについてとくに深く考えたことがない人が、《ことばというものはこんなものであろう、ことばというものはこうやって身につくのであろう》と、文字どおり、素朴に考えて出てきた結果のことです。たとえばどんなものがあるかというと、

「ことばというのは第一義的にコミュニケイションのための手段である」という考えなんかがその典型ですね。

佐藤さんがさっき「違う」といいましたけれども、そんなことはちょっと考えてみればわかります。ことばっていうのは、さっきの「優れたテューター」じゃないんですけれども、あるひとつの表現がふたつないしはそれ以上の意味をもつということがあるんです。言語学では、これを「曖昧性」と呼ぶんですけれどもね。曖昧性をもつというのは、コミュニケイションの手段としては非常に都合が悪いことで、もしコミュニケイションの手段ということがことばの第一義であるなら、そんなものはとっくになくなっているはずなんですね。コンピューター言語のようになってるはずですけれども、そうはなってない。ことばがコミュニケイションのために使われることは間違いないけれども、コミュニケイションのために用意されたものではない。したがって、コミュニケイションに使うときには用心深く使わなくてはいけない。そう考えています。

素朴言語学の他の例としては、《ことばというのは模倣で身につく。まわりの人たちが話しているのを、そのままおうむ返しに繰り返しているうちに自然に身についてしまうものだ》とか。それから、《外国語を学ぶときには単語と決まり文句をたくさん学ぶことが、外国語が身についたことになるんだ》とか、あるいは《外国語学習に文法なんていらない》とか。ああ、止まらなくなっちゃう！

ちなみに、このラボのなかでは「文法」ということばは御法度のひとつで、「文法」っていったとたんに「もうあいつの顔は見たくない」というテューターなんかもいるそうですけれども（笑）。

たとえば、今日の熊井さんの実践を見ていただければわかるように、熊井さんは普段の活動のなかで文法の指導を体系的にやっているはずはないと思います。しかし、あの子どもたちは、あのパフォーマンスができたということは、英語の文法が、少なくとも基本的な部分についてはかなり身についているはずだと思います。身についていなかったら、あんなぐあいに英語が話せるはずがないです。

体系的ではないが、子どもたちが英語の文法をきちんと身につけることができる指導をきちんとなさっている。ひょっとすると無意識かもしれません。「優れたテューター」が優れている所以です。

誤解のないように付け加えると、私がいっているのは、文法用語を教えろといっているわけでもなし、体系的に文法を教えろといっているのではありません。外国語を身につけるためには、子どもたちに文法、そのことばの仕組みというものがどんなものであるのか、を体験的に身につけさせる――「学ばせ」なくたっていいんです――自然に身につくようにくふうする。それが非常にたいせつなことだと思います。その意味で、「文法はいらない」という外国語学習観も「素朴言語学」のひとつです。

その他、いろいろありますけど、あまり時間をとってもいけませんので。

木原 みなさんからたくさんいただいた、先生方への個別の質問用紙を、実行委員に見てもらい、いくつかピックアップしました。

吉岡（進行補佐） 代わりに読ませていただきます。本日、このようにたくさんのご質問をいただきました。みなさま、ありがとうございます。すべて取りあげられないのがとても残念なのですが、このなかから、内容が重なるものを優先的にピックアップしまして、本日、先生方おひとりずつにお聞きしたいと思います。

まずは大津先生へのご質問です。

「母語のもつ性質というのは、具体的に何を指しているのでしょうか？」

「日本語でも英語でも、ことばへの気づきや共通の基盤を育てていくこと、ことばの根幹にあるものを豊かにしていくことなどのためにたいせつなことはなんですか。『小学生の母語への気づきを支援する』とは具体的にどのようなことでしょうか？　じっくり考えるということが楽しくない子、教えてもらうことを望んでいる子には、教える必要はないのでしょうか。いま、英語活動を通して、ことばへの気づきを育てるうえで、もっとも配慮しなければいけないことはなんでしょうか？」

ということ質問です。先生がお話しされるときの「母語」の定義と、ことばへの気づきを育てるうえで関わるおとなが、気をつけたり、関与・くふうしたりすることは具体的にはどのようなことか教えてください。

大津　時間の制約がありますので、今読みあげられた全部の質問に答えることはできません。そこで、一般的な話をします。

まず、「母語」というのは、「人間が生まれてから一定期間、触れていることによって自然に身についた言語」というのが定義です。「一定期間」というのがどのくらいであるのかはまだよくわかっていませんが、もっとも基本的な部分に限れば、生後二年とか、三年とかといった比較的短い期間と考えています。そのなかでも、音韻的な面、音の聞き取りですが、それは生後数日という、非常に短い期間で体系が形成されると考えられています。

さて、その母語と「ことばへの気づき」なのですが、まず最初に断っておきたいことがあります。今回具体的な例として出したものは、たとえばさっきの昔ばなしの「は」と「が」の話とか、それから、ちょっとしつこくなりますけれど、「優れたテューター」の話とか、あれはいってみれば狭い意味での文法に関わったことです。しかし、ことばへの気づきの対象になるのは、別にそういう意味での狭い文法に限ったものではありません。音の仕組みもそうですし、単語のつくり方もそうですし、文章のつくり方などもそうです。さらに、ことばへの気づきを育成していくときに、別に理屈っぽくやる必要はないんです。言語学を教えるわけではないんです。

これは私がしょっちゅう出す例ですので、もうおなじみの方もいらっしゃると思いますが、わかりやすいので使います。小学生の子どもたちに、まず、「温泉まんじゅう」ということばを出すんですね。そして、「これ、ふたつに分けられるかな」というと、子どもたちは、すぐに、「「温泉」と「まんじゅう」です」と答えます。そこで、「「温泉まんじゅう」ということばは「温泉」と「まんじゅう」というふたつのことばからできてるんだけれども、「温泉まんじゅう」とは逆に、「まんじゅう」を先に出して、そのあとに、「温泉」を付け加えてもいいよね。」といいます。そうすると、「「まんじゅう温泉」？」」とけげんそうな顔をします。そんなのは聞いたことがありませんから、みんな、ぽかんとします。でも、次第次第に「うんうん」という輪が広がっていきます。で、「じゃあ「まんじゅう温泉」ってどんなものなんだろうね」とたずねると、いろんな意見が出てきて、にぎやかになります。絵を描いてもらうと、湯船の中にまんじゅうがプカプカ浮いていたり（笑）。それから、じつにいろんなのがあるんですよ。『ヘンゼルとグレーテル』のように、温泉旅館がみんなまんじゅうでできているものだとかもよく出てきます。今まで一番すごかったのはですね……火山ですよね、温泉って。で、その火山のマグマの部分があんこなんです（笑）。地面の部分がまんじゅうの皮！　おもしろいでしょ？

そこで、もう一度、「温泉まんじゅう」に戻るんです。「温泉まんじゅう」というのは必ずしもわれわれが知っている温泉まんじゅう、つまり、温泉の湯気で蒸かしたまんじゅうに限る必要はなくて、他の可能性もいろいろ出てくる。温泉の湯船に浮いているまんじゅうのこととかね。「まんじゅう温泉」はそういう湯船がある温泉のこと、そして、そこに浮いているのが「温泉まんじゅう」というわけです。こんなことにまで気がついちゃうんです。

さらに、「温泉まんじゅう」が「まんじゅう温泉」になると、「まんじゅう、温泉」にはならなくて、「まんじゅう温泉」なんですよね。アクセントが変わりますね。「まんじゅう、温泉」ではなくて、「まんじゅう温泉」という。そのあたりのところも……いい方はいろいろですよ。形が変わった、とか、いい方が変わった、というように、小学校中学年ぐらいだとちゃんと気づくことができます。

これ、直感がきく母語だからできるんです。ですから、まずは母語を使って、ことばへの気づきを芽生えさせるのです。

母語でことばへの気づきが芽生え始めたら、今度は外国語である英語でだってできます。ラボの関係の方だったらば、songbird ということばはおなじみですよね。あれもふたつに切ると、song と bird になりますね。それをひっくり返すと bird song になる。そうなると、どんな意味になるんだろうね、だなんていうことを子どもたち同士で話しあってもらう。みなさんが考えてるような範囲を超えてですね、すごくおもしろいディスカッションになります。

理屈っぽいことをする必要はないんです。ことばへの気づきを育成するっていうのはとっても楽しいことです。たとえば、最近、よくやってるのはしりとりなんです。

しりとりというのもすごく不思議なゲームで、そのルールについては「前の人がいったことの最後の部分をとるんだよ」ぐらいのことしかいいませんよね。実際、それ以上、詳しくいえといわれても普通の人じゃ対処できない。でも、その「最後の部分」ってなんなんでしょうね。これはじつはモーラ、拍なんですね。だけど、そんなことはなんにもいわなくても、子どもたちは例を聞いているだけで、わかるようになっちゃう。これ自体、すごいことです。

さらに、しりとりで使えることばは名詞限定ですよね。それをね、しりとりをやりながら、形容詞だとか、形容動詞だとか、動詞をわざと入れてやるわけです。そうすると子どもたちは、「それはおかしい」とか「ずるい」とか、というようなことをいいだします。で、そのときに「なぜずるいのか」ということをいわせてみると、これは学年によっていろいろと違っているんですが、じつにおもしろい。中学生になると「名詞でなきゃだめだ」ということをいいますけれども、小学校の低学年ぐらいだと「「もの」じゃないからだめだ」とか、というようなことをいいます。そういうのも、ことばへの気づきへのきっかけづくりとしては非常におもしろい。

繰り返しますが、体系立てて教える必要はなくて、ただただ、ことばのもっている性質を年齢に合った形で楽しむ、ということを心がけてくだされればいいのです。

吉岡　ありがとうございます。では次は、内田先生にお願いいたします。「共有型と強制型のバランス」についてです。

「先生のお話では、共有型教育が子どもの語彙力を伸ばすということでした。いっぽうで、習いごとは語彙力を高めるということもおっしゃっていましたが、習いごとはある程度強制を伴うものではないでしょうか。そのように考えますと、共有型と強制型の教育、どちらも必要なように思うのですが、先生のご意見をお聞かせください。」

「共有型と強制型の具体的な境目が少しわかりづらかった」という質問です。お願いいたします。

内田　はい。「習いごと」というのは……非常に注意をしていただきたいのは、「習いごとをしている」ということはどういうことか、ということで、芸術系、運動系の習いごとをしているお子さんと、学習塾に行っているお子さんの間には語彙力に差はないんです。まったく。何もやっていないお子さんとの間に差があるわけです。何を意味しているかというと、これは、親が子どもの教育環境に気をつかっているということの表われであります。学習塾で、たとえば系統的、機械的、暗記学習、ドリル学習をやっているようなところだったら、むしろ私はマイナスだというふうに思っております。その細かい分析はしておりませんけれど、要するにあれは何を表わしているか、というと、「習いごとでこういうことをやっているから語彙力が上がる」ではなくて、習いごとの環境——これはピアノなんかも含まれるわけですが、そういう場に行かせてあげたいという親の思いの表われである。そういうふうに解釈していただければと思うんです。

子ども中心の保育のなかで、子どもが育つ……自分が、ほんとうに好きなものから自分の世界を広げていくというような環境が保障されているときに子どもが伸びるということでした。

熊井さんの実践報告でも、子どもの主体性をだいじにするということが一番肝心であるとプレゼンの最初にいわれました。そして、共有型の親たちは、子どもに教師のように縷々説明してしまうのではなく、子ども自身に考えさせる余地を残すような働きかけをしている人、そして何よりも、子どものことばをだいじにして、いっしょに喜んで、共感的に応じているという関わりをしている。これが共有型の特徴であります。強制型は答えを、あるいは指示をトップダウンに与えてしまう。もう、これは非常に違います。まったく違う関わりです。「子どもは白紙で生まれてくる。だから親が全部そこに書き込んでやらなきゃいけない」と思っているのが強制型。共有型の親は、「子どもは人格をもった存在である、ともに歩んでいく人である」というような子ども観に立った子どもへの関わり方をしているというところで、まったくこれは違うんです。おもしろいように違います。さきほど塾の例をお見せしたのは、そういうことがあってですね。「塾に行っている子が語彙が豊か」なのではありません。学習塾に行っている子ども、受験塾に行っている子どもが、語彙が豊かであるわけではない、というところを示したかったデータでございます。よろしいでしょうか。

それから、相関係数についてのご質問がありました。これについては、幼児期のしつけと、幼児期の語彙の豊かさが、小学校の学力に、一パーセント水準で有意であったというところに着目していただきたいというふうに思います。世帯収入はまったく関係してないというところ。ここも、私がちょっとことばが足りなかったかもしれませんけれど。

吉岡　ありがとうございました。では、佐藤先生、お願いいたします。

「協同的学びを導入しても、学力向上だけが目的だというのは問題だとおっしゃっていました。だとすると、協同的学びの目的、目指すところはなんでしょうか。どこでしょうか。また、協同的学びがうまくいったかどうかを測る指標は、どのように測ればよろしいでしょうか？」

佐藤　協同的学びの目的は何か、ということはぼくにとって、学校の目的は何かということと一体ですね。ひとり残らず子どもたちが学びに参加し、その権利が実現できることと、学びの質を高めることです。学力の結果はじつはすごく伸びるんです。だけどぼくは、学びの質を高めることを目的として、学力の結果は直接的には求めない。なぜなら、学力の結果自体を目的とすると、学びがやせ細っていくし、その結果、学力が伸びない。そういう関係なので。ということでよろしいでしょうか。あとなんでしたか。

吉岡　指標です。

佐藤　指標ね。「見ればわかる」という考え方です(笑)。それ以上はないです。すごくぼくは気になっているんですね。玄人が見ればわかります。確かに素人だとわからないかもしれない。学生みたいな教師とか。だけど、そういうことをきちんきちんと伝えていかないと、何でも測定して数にして、比較して、というのに慣れてしまうと、もう教育は成り立ちませんよ。

今、ずっとお話聞きながら別のこと考えたんですが(笑)。ふたつのことを考えていました。ひとつは、ことばの教育は考え直さなければいけないな、ということです。

そのことを一番痛感したのは、この間の大震災の一週間後のテレビを見ていたら、あるおばあさんが息子さんを探して毎日廃墟のあとを歩き回っているわけです。そこにテレビのインタビューアがいて訊いてるんです。「毎日探してますけど、見つかりません」。そのインタビューアは若いインタビューアで、「じゃあ、ぜひこのテレビで息子さんの名前を知らせてください」というんです。そしたら、怒りましたね。「いやです！」って。「だって、名前を出したらもう帰ってきませんから」と。

ぼくは、このことばを聞いたときにハッと思ったんです。名前を出すということは、死者の名簿に息子の名前をのせることになってしまうと、このおばあさんはいっているんです。ぼくはこのことばを聞いたときに、身体が震えるほど感動しました。ぼくらは今、ことばを乱暴に使いすぎている。このおばあさんのことばは、あの世代がもっていることばに対する感覚ですよね。あるいは名前というもののもっている意味あいですよね。そういうことに、若いアナウンサーは無頓着で「そうはいっても聞かせてください。お役に立ちたいですから！」といって、ついにおばあさんは黙り込んでしまった。このズレのなかに、今の日本の社会が陥っている、饒舌によって傷つけあっている、あるいは潰しあっている怖さを見たんですね。

それからもうひとつ考えていたことは、ことばの不思議さです。ことばというのは、ひとこと話してもうるさい人っているでしょう（笑）。ひとことしゃべってもうるさい。それから、たくさん話しているんだけどもっと聞きたいという人もいる。この違いはなんなのか。ことばというのは自我と分かちがたく結びついてしまっているんですね。何かことばを発したとたんに自我が出てしまう。ことばの宿命だね。佐藤学が登場してしまうもんね。ぼく自身は自分を消したいんだけど出てしまう。だから沈黙するしかないなあといつも思ってしまう。さっきから、次に質問が来たときには黙ってしまおうかと思っていた（笑）。さっきのことばの問題にしても、ことばに対する繊細さというのか、人や社会に対する思慮というものにことばはつながっている、ということだと思うし。ぼくらはどういうことばを子どもたちに育てるのか、あるいは自分がたいせつにしたいのかを考えなくてはいけないと思います。

今の問題でいうと、「おれが、おれが」のことばは絶対に醜いしうるさいんですよ。ぼくらはそういうことばは聞きたくない。それが、たぶん本能的な「うるさい！」という反応だと思うんですね、ひとことしゃべってもうるさい人は「おれが、おれが」の人なんです。そうではない、人とつながりあって、よりお互いがもう少しことばをたいせつにしあおうというところにいければ、英語でも同じだと思うんですよね。たぶんそれが今、これから日本の社会を再建していくときに一番たいせつなところにあるのではないかと思いますね。

木原　ありがとうございました。はい、内田先生。

内田　締めくくりをいってくださって……もう、これ以上必要ないと思うんですが。「うるさい」っていう声がいるんじゃないかと(笑)。ちょっと私、肝心なことを、さきほどの共有型・強制型でいい忘れましたので、ひとこと補足させてください。そして、熊井さんのほうに回したいと思います。

共有型とは何かというと、触れあいをだいじにし、楽しい体験を共有するタイプというのを共有型といたしました。

じつは、私はあの研究は、幼児期から学力格差が始まっているのか、ということを調べたくて研究を始めた、というふうに最初に申しました。実際にあの結果が出てきて、最初は、やはり世帯収入が子どもの読み書き、それから語彙に影響している、と、一時的にはそういうデータが出てきて、最初はものすごくがっかりし、さらに、一つひとつの要因を潰しながら、何が真犯人かって探していったら、たどり着いたのがしつけのスタイルだったと。これが出たときに私はばんざい！　と叫んだんですね。

というのは、夫の学歴とか、自分の学歴、あるいは世帯の収入というのは、自分ひとりの力ではどうにもならない。だけれども、子どもへの関わり方というのは、親が子どもに対してどのように考えるか、子どもとはどういう存在なのか、ということを、子どもの見方を変えることによって、関わり方を変えるというのは、コントロール可能な要因です。だから、これは自分で制御できる。それが一番、小学校一年生の学力に影響している、因果的に影響しているというのが出てくれたので、非常に私はこの調査をやってよかったと思ったわけです。このことをちょっと申し忘れましたので。失礼いたしました。熊井さん、どうぞ。

木原　はい。ありがとうございます。では、熊井テューターへの質問のなかでひとつだけ。

「小学生たちのかわいいディスカッションが印象的でした。性格で、なかなか自分の意見をもっていてもみんなの前で話せないお子さんがいるとき、どんなふうにアプローチされていますか。あふれんばかりの気持ちがあっても話すのがむずかしいようです」。

熊井　うーん……すごくむずかしい質問だと思うんですけれど。私、その子を……さきほどから人の話を聴くとか、ことばを聴くことがすごくだいじと話されていますが、私の場合は、とにかくその子どもを見(守)る……その子、その子にはいろんな表現があって、すごくことばが達者な子もいるし、そうではないけど表現している、っていう子もいるので……「ことばを聞きだしてくる」ということがその場でとても必要なのかどうか、ということがまず問題だと思っています。何もいわなくても「いられる場所」ということもありなのかな、とすごく思っているんですね。

ラボというのは、すごく長い間お子さまをお預かりするので、最初からおしゃべりで入ってくる子もいますが、「この子、ひとことも話さないんです」っていわれていたような子が、一〇歳ぐらいになると……さっきの映像で「『ふつう』っていろいろあるよね。『ふつう』ってどんな『ふつう』?」とかっていった子は、一歳一〇ヶ月でラボに入ったんですが、はじめ「この子、ひとことも話さないんですがだいじょうぶでしょうか?」っていわれてたような子なんですね。だから、長い間見ていって、その子なりの訴えというか、表現というか、そういうようなものを見ること……。私は専門的なことは、ちょっとよくわからないところがあるんですけれども。とにかく、その子をまるごと受け入れて、その子のいやすい場にする、ということがまず第一だと思っています。

お母さまの質問は、あふれんばかりのものが身体にいっぱいあるのに、それが表出できない、どうしたらいいんでしょうか、ということですよね? 私でしたら、待つかもしれません。表現というのはいろいろありまして、たとえばその子がお絵かきが好きだったら、絵に描いてきてもいいわけだし。子どもの表現って千差万別ですよね。すべてことばでなくてもいいのかな、というふうに考えています。

だからさきほどの『国生み』のなかで、イザナキとイザナミ、それからナレーターの子どもたちは、ほんとうに山のようなことばをここで発語して、みなさんは「あ、すごいな。小学校二年生であんなに英語もいえちゃって。ＣＤの音声とそっくり」ってたぶん感心されたと思うんですけど。そうじゃない子のほうが、むしろすごくだいじにしたいというか。

その何もいわない子たちも、ことばを心のなかに感じて、しっかりと……いいたいときにはいっているんです。ふだんの活動のときにね。ふだんのグループの活動のときには、いいたいことばをいいたいときに。この『国生み』の発表でも、波をやったり風をやったり花をやっていた子どもたちの表現も、私は言語表現かな、その一種じゃないかな、というふうに思っているんですね。

だから、今のお答えになっているかどうかわかりませんけれど、その子がいわんとしてることを察することができるというのは、あくまでも、受け取る側の――すごくくさいことばでいうと愛情みたいな。その子をまるごと受け止める気持ち、それがすごくだいじなのです。だから、そのときどきの判断なので、その子があふれんばかりに何か思ってるときには、ひとこと、何かことばがけをするかもしれません。お答えになったかどうかわかりませんけど。これは決してことばを将来にわたって必要としないといってるのではありません。

啐啄同時ということばがありますが、ラボのテューターならだれもがやっていることで、子どもに向きあう姿勢をひとことでいうならこのことばになるのかなと思います。ただこれは長い目で子どもを見ることができるテューターだからこそいえることばかもしれません。そして、このような立場にいられることを、このうえなく幸福に感じています。

木原　ありがとうございます。私たちはことばによって、人を傷つけてしまうこともあるけれども、ことばによって救われる、ことばによって癒される。ことばの教育に携わるものとしてそういうことに心して、ことばということについてよく知り、そして、それを使っていけるようでありたいと思います。また、想像するというのもことばの力であり、まさに今、その想像力を駆使して、希望をもつ、そういうことが求められている時期ではないか、と思います。パネリストのみなさま、会場にお越しのみなさま、どうもありがとうございました。

第四章

おわりに
——聴講者と発表した子どもたちの感想文より

聴講者の声（当日感想文より）

（ラボとの）出会いは小学校の頃。同級生のお母さんがラボ・パーティをしていらっしゃいました。わが家の親は興味がなかったのですが、私は「楽しそう」とだけ感じていました。

私が二三歳で出産し、子どもとともに楽しめる教材を探すなかで、私が親しんでいる絵本の英語版が出ているラボ教育センターを知り、「あのラボだ！」とピンときまして、マザーグースなどのＣＤを購入し、自宅で楽しみました。

現在、中二と小五。英語に苦戦している兄、これから小学校英語で聞き始める妹に「母語」をだいじにしながら、「外」と交流する姿勢をもってもらいたいと願うのに、日々、苦手意識で「内」にこもっていく兄に「心を開いて欲しい」と思い、ヒントをもらいに本日参りました。

大津先生の講演で「母語を知っている」ことがだいじだというお話、常々感じています。わが家は三世代で住んでいて、ことばに関しては日々母語が飛び交う環境であるはずなのですが、どうも子どもたちの母語が不安なことを、作文を見て感じるのです。「強制的」勉強を小一からさせられている影響のような気がいたします。

（一般　二児の母）

東京都の小学校教諭です。十年程前から教育特区で英語は一年生〜六年生で週一時間行なわれています。小一・小二は授業時間に上乗せをし、三〜六年生は総合的な学習の時間のうち、一時間を使っています（成果については、私たち教諭には今のところ、知らされていません）。今年度より、小三・小四は総合的な学習の時間が約七〇時間になり、私のいる区では英語三五時間、総合三五時間になり、両方の質が低くなっていると感じています。限られた時間のなかで、何でもやろうとすることで、教師は多忙になり、児童はつまらなくなり……。

私にできることを考えて、七〇時間を含む授業を、意味のあるもの、質の高いものにしていくための、考える材料をたくさんいただきました。ありがとうございました。

（小学校教諭）

「ことば」というものの考え方がとても変わりました。というか、今まで「ことば」と一緒に生活していたにも関わらず、一度も考えたことがありませんでした。

人に教える立場として、ぼくも本日聞いたことをしっかりと活かしてやっていきたいと思

います。また、子どもが自発的にものごとに取りくんでいるときが、一番活きいきしていると
いうことが、改めて身に染みました。さらに、「学ぶ」というのは、「聞く」ということから始まるという話がとても興味深くためになったと思います。

（教育関係者）

今回はじめてラボに関する講演を聴き、客観的にラボについて考えることができました。もっと早くからこういった催しに参加すればよかったと思いました。今回のフォーラム全体を通し、いかに自分がすばらしいことをやらせてもらっているか、ほんとうに実感しました。こういった専門的な視線からラボをみたのははじめてだったので感動しました。ラボを始めて18年目にしてラボのすばらしさ、なぜすばらしいのかを心から実感し理解し、感動と同時にラボっ子として誇りに感じ、また、もっともっと英語に興味をもちました。うまくいい表わすことができませんが、ほんとうに刺激的でした。

内田先生のお話は印象的でした。具体的な数字、グラフでとても興味深い印象を受けました。どういったしつけが子どもにどういった影響を与えるのか、ことばのやり取り、コミュニケイションがいかにだいじか、自分の将来にも影響を与えるような内容でした。

熊井パーティの発表、すばらしかったです。まず、語り（ナレイション）がすごかったです。ナレイターが何人いてもひとりの人がお話を最初から最後まで通して語っているようでした。あんなふうにできるのにはかなり苦労したのではないかな、と思います。私も『国生み』が大好きでとても楽しみにしていましたが、期待以上の発表でした。静かななかに力強さ、優しさ、喜びなど、表現を通し、しっかり伝わってきました。ほんとうによかった。むずかしいテーマ活動であったと思いますが全員、もちろん小さい子までもが『国生み』の世界に入り、（テーマ活動を）作り上げていました。

熊井テューターの報告を通して、熊井パーティでの『国生み』の取りくみ方などみることができてよかったと思います。普段、他パーティのようすをみることはなかなかないので、とても楽しませていただきました。自分のパーティの小さなラボっ子にも驚かされることはたくさんありますが、熊井テューターの報告でも、ほんとうにラボっ子のことばに刺激をもらいました。日頃から思いますが、小さい子たちの直感的、純粋、素直な物語に対するイメージには、「はっ！」とさせられます。ここには書ききれないのですが、今日のフォーラム、いろいろな意味で楽しませていただきました。参加してよかったです。ありがとうございました。

（ラボ会員　大学生）

ラボっ子ふたりの母親として、毎日教育について、ことばについて思い悩みながら育てている最中ですが、いつも公教育の変革を訴えられるなか、その只中で子どもを育てる矛盾に苦しむこともありました。そんななか、どんなに疲れてもラボは休むといったことのない子どもたちをみて、聴いてもらえる環境がそこにあるのだと思っていました。今日のお話を聞いて、子どもたちは自分より優れた意見も聴きたいと思っているし、自分も発信したい、学びあいたいと自然に思っているのだとわかりました。

よりよく子どもたちを育むには……といつも考えるのですが、今日のように私もいつも学び、周りのお母さんたちとも語りあっていきたいと思いました。

（ラボ会員（小六・小三）の保護者）

英語を学ぶということについて、なぜ自分は英語を学ぶことが高校から嫌いになってしまったのか……ということを、思いながら、子どもにはどのように学ぶことを導いたらよいのか考えながら聞いていました。

まず、大津先生の「日本語との構造的距離が大きい」がよいところ！　というのに、驚きました。と同時に、よいところと思えたら、英語が楽しくなりそうだと思いました。そういえば、はじめて中学で英語に出会ったとき、おもしろい！　と感じたのに……。子どものために、というだけではなく、是非私も学び、聴き、自分の頭を使って考え、伝えあいたいと思います。

（ラボ会員（小三・年長）の保護者）

子どもがラボにお世話になって十年目になります。いつも子どもの取りくみに不甲斐なさを感じ、それでも楽しそうに続けている姿が不思議でした。パーティで他のお友だちと意見が合わず、対立して怒ったり、泣いたり……親としては見たくありませんし、無意味なことに感じておりました。けれども、今日の先生方のお話を聞いて、少なからず、意味のあることなのかな？　と少し思えました。

また、三人の先生方のお話はとても先進的な教育論でとても気持ちが明るくなる思いがしました。いっぽう、現在子どもたちが通っている小学校の現場では、まったく違う方向に進んでいるようにも思います。それは、とても残念です。

「英語を学ぶことの目的は英語を話せるようになることではない！」とおっしゃる先生方がラボはすばらしいと話されていました。今日のお話ですべてがわかったとは申しませんが、ラボで学び続けることの可能性を感じました。

子どもの成長を長い目で先生と一緒に見守っていけることを、うれしく思います。ありがとうございました。

（ラボ会員（小六）の保護者）

さまざまな分野からの視点でお話を聞くことができてほんとうに充実した時間だったと思います。大津先生の「母語」をたいせつにした上での英語教育には同感ですが、世の中が「母語」をたいせつにしていない社会状況に心が痛みます。

また、内田先生による「共有型」には、ふれあいがあるラボ活動とつながり、また佐藤先生の「協同的学び」にも広がり、ラボが四五年も変わらず維持している体制にいられること、関わっていることに誇りを感じます。

元気で前を向いてこの仕事をがんばろうと思いました。開催してくださり、ありがとうございました。

（ラボ・テューター）

テューター歴一四年、また小学校の特別支援講師を体験し、学校現場の厳しい現実を目のあたりにしながら、テューターとして子どもたちと自由に意見交換しながら、伸びのびと自分たちの活動ができることがどれだけすばらしいこと（おとなにとっても子どもにとっても）なのかを実感しました。

「ことば」を楽しもう！　「ことば」をたいせつにしよう！　「ことば」を深く考えよう！「ことば」をもっと使ってみよう！　自分の心に合う「ことば」を探そう！……これからの活動の幅が広がり、もっと深くなりそうと感じました。

（ラボ・テューター）

熊井パーティの子どもたちによる『国生み』の発表はすばらしかったです。また子どもたちが三か月以上にわたって取りくんだパーティでの活動を、熊井テューターから聞いて、わがパーティも早く子どもたち同士がワイワイとディスカッション（語ること）できるようなにぎやかなパーティにしたいです。

内田先生のお話から、共有型しつけをしてきた家庭は語彙能力が高い、ことばを豊かにするために一方的にＤＶＤを見せてもダメであるとありました。ラボの教育はまさに正しいなと思いました。子どもの未来を豊かにするためのカリキュラムだと思いました。私自身もがんばろうと思います。

（ラボ・テューター）

『国生み』を発表した子どもの感想文（本文のまま）

わたしは、十二月からずっと国生みをやりました。とくにたいへんだった所は地下の国と、火のときと柱のときでした。地下の国のときはさいしょからぶきみの感じを出すのがとてもむずかしかったです。それと、ぎょろりと目をむいていたという所がとてもたいへんでした。火のときは人のひじにあたったりしていたかったです。だけどがまんしたりしました。柱の所は長い間立っているのがとてもたいへんでした。かゆいときもがまんするのももやもやしました。だけど本番はうまくできたのでよかったです。あまりきんちょうはしなかったです。本番がうまく終わってよかったです。

しゅり（小四）

しぜんのとこでおはなをやったことがたのしかったです。
ほのおのところがすきです。
つぎわいざなみがんばります。

ゆうき（小一）

あとがき

この本は、二〇一一年四月一〇日に行なわれた、財団法人ラボ国際交流センター主催の「子どもの未来を考えるフォーラム〜学びあいが育むことばの力」(後援：外務省、東京都教育委員会、埼玉県教育委員会、朝日新聞社)の講演、実践報告、パネルディスカッションを一冊にまとめたものです。

このフォーラムは、ラボ国際交流四〇周年、ラボ・パーティ発足四五周年を記念して実施されました。登壇者の大津由紀雄氏、内田伸子氏、佐藤学氏には、前年からご準備いただき、講演、そしてパネルディスカッションにおいて、それぞれの専門の視点から、子ども、青少年のことばの教育、外国語の教育などについての率直なご意見、貴重な示唆をいただきました。ここに書籍として発刊できましたことをたいへん喜ばしく存じます。

書籍化にあたり、登壇者のみなさまには、フォーラムに参加されなかった方にも伝わるように、ていねいに加筆修正をしていただきました。とくに大津氏は、当日、限られた時間のなかで会場から寄せられた多くの質問すべてにお答えすることができなかったため、そのなかのひとつの質問への回答を講演録に含めるかたちで、大幅に加筆していただきました。ラボ・パーティ発足二〇周年の頃より、ラボ・パーティの教育活動を間近にご覧になってこられた立場から、そのユニークな特長について充分にご理解くださったうえで、ご専門の立場から貴重な提言をいただきました。

書籍化にあたり、あらためてフォーラムで語られた示唆に富んだことばの数々を味わいなおすことができました。たとえば、「外国語を学ぶことはもうひとりの自分をつくること」という佐藤氏のことばには、大いに感銘を受けるとともに勇気づけられました。また内田氏の「物語を語ること、書くこと、共有すること」が、子どもにもおとなにも、その心にたいせつな役割をもつということも、あらためてかみしめたいことばでした。そして、大津氏の提起されたことばの形式と機能という観点も、ことばの教育に携わるものがみな、自分のあたまで考えて、それぞれの実践に生かしていくうえで、可能性を広げる提案をいただいたといえるでしょう。

フォーラムに参加された方も、この本を読むことによって登壇者のことばへの理解をより深めていただけたことと思います。この本をお読みいただいたみなさまが、ここに書かれている数々のメッセージを、それぞれの立場で受けとめ、学びに携わることへの励みとし、喜びとしていただくことを願っています。

最後になりましたが、このたび出版するにあたり、何度も加筆修正にご協力いただきました、大津氏、内田氏、佐藤氏にあらためて感謝いたします。また、今回のフォーラム開催にあたり、陰日なたなく支えてくださいました実行委員のみなさまに心より御礼申しあげます。

ラボ教育センター

表紙カバーの絵
「ぴんくのかみなりこぞう」
遠藤杏子（３歳、八街市）

佐藤学　内田伸子　大津由紀雄が語る
ことばの学び、英語の学び

二〇一一年一一月一日　初版発行
二〇一二年二月一日　第二刷発行

編者　ラボ教育センター
装幀　大森裕二

発行者　時本　学
発行所　ラボ教育センター
〒一六〇―〇〇二三
東京都新宿区西新宿六―二四―一
電話　（〇三）五三二四―三四〇一（代）
FAX　（〇三）五三二四―三四〇九

制作・印刷　株式会社シータス&ゼネラルプレス

ISBN978-4-89811-112-3

ラボ言語教育事業グループ関連出版物紹介

ラボ教育センターの出版

育つ力と育てる力　田島信元　田島啓子

子どもの能力とことばの発達について、発達心理学の立場から説いた本。

「一〇代とともに」語りあう　ラボ教育センター・編
「異文化」交流を成長の糧に

各界の第一人者に、10代の若者がインタビュー。そのことばには、次代を担う若者に送る熱いメッセージが込められている。

東京言語研究所の出版（ひつじ書房）

ことばの宇宙への旅立ち（三部作）1・2・3　大津由紀雄・編
10代からの言語学

ことばについて、常識とされていることを鵜呑みにせずに自分で考え実験しようという楽しい言語学の本、三部作。

アートデイズの出版

大人になったピーター・パン　門脇厚司　田島信元

ラボ会員OB・OGのインタビューを通して得た、ラボ・パーティの真価。

ことばと自然　鈴木孝夫　C・W ニコル
子どもの未来を拓く

ことばについて、自然について、そして子どもたちの未来について語りあった鈴木孝夫氏とC・W ニコル氏の対談。